SPIELPLAN **WM 2010**

GRUPPE A
SÜDAFRIKA MEXIKO URUGUAY FRANKREICH

11. Juni	16.00	Soccer City (Joh.)	**Südafrika – Mexiko**
11. Juni	20.30	Kapstadt	**Uruguay – Frankreich**
16. Juni	20.30	Pretoria	**Südafrika – Uruguay**
17. Juni	20.30	Polokwane	**Frankreich – Mexiko**
22. Juni	16.00	Rustenburg	**Mexiko – Uruguay**
22. Juni	16.00	Bloemfontein	**Frankreich – Südafrika**

GRUPPE B
ARGENTINIEN NIGERIA SÜDKOREA GRIECHENLAND

12. Juni	16.00	Ellis Park (Joh.)	**Argentinien – Nigeria**
12. Juni	13.30	Nelson Mandela Bay	**Südkorea – Griechenland**
17. Juni	16.00	Bloemfontein	**Griechenland – Nigeria**
17. Juni	13.30	Soccer City (Joh.)	**Argentinien – Südkorea**
22. Juni	20.30	Durban	**Nigeria – Südkorea**
22. Juni	20.30	Polokwane	**Griechenland – Argentinien**

GRUPPE E
NIEDERLANDE DÄNEMARK JAPAN KAMERUN

14. Juni	13.30	Soccer City (Joh.)	**Niederlande – Dänemark**
14. Juni	16.00	Bloemfontein	**Japan – Kamerun**
19. Juni	13.30	Durban	**Niederlande – Japan**
19. Juni	20.30	Pretoria	**Kamerun – Dänemark**
24. Juni	20.30	Rustenburg	**Dänemark – Japan**
24. Juni	20.30	Kapstadt	**Kamerun – Niederlande**

GRUPPE F
ITALIEN PARAGUAY NEUSEELAND SLOWAKEI

14. Juni	20.30	Kapstadt	**Italien – Paraguay**
15. Juni	13.30	Rustenburg	**Neuseeland – Slowakei**
20. Juni	13.30	Bloemfontein	**Slowakei – Paraguay**
20. Juni	16.00	Nelspruit	**Italien – Neuseeland**
24. Juni	16.00	Ellis Park (Joh.)	**Slowakei – Italien**
24. Juni	16.00	Polokwane	**Paraguay – Neuseeland**

ACHTELFINAL

SPIEL 49
26. Juni   16.00   Nelson Mandela Bay
Sieger A – Zweiter B

SPIEL 50
26. Juni   20.30   Rustenburg
Sieger C – Zweiter D

SPIEL 51
27. Juni   16.00   Bloemfontein
Sieger D – Zweiter C

SPIEL 52
27. Juni   20.30   Soccer City (Joh.)
Sieger B – Zweiter A

SPIEL 53
28. Juni   16.00   Durban
Sieger E – Zweiter F

SPIEL 54
28. Juni   20.30   Ellis Park (Joh.)
Sieger G – Zweiter H

SPIEL 55
29. Juni   16.00   Pretoria
Sieger F – Zweiter E

SPIEL 56
29. Juni   20.30   Kapstadt
Sieger H – Zweiter G

SPIELPLAN

GRUPPE C
ENGLAND   USA   ALGERIEN   SLOWENIEN

12. Juni	20.30	Rustenburg	**England – USA**
13. Juni	13.30	Polokwane	**Algerien – Slowenien**
18. Juni	16.00	Ellis Park (Joh.)	**Slowenien – USA**
18. Juni	20.30	Kapstadt	**England – Algerien**
23. Juni	16.00	Nelson Mandela Bay	**Slowenien – England**
23. Juni	16.00	Pretoria	**USA – Algerien**

GRUPPE D
DEUTSCHLAND   AUSTRALIEN   SERBIEN   GHANA

13. Juni	20.30	Durban	**Deutschland – Australien**
13. Juni	16.00	Pretoria	**Serbien – Ghana**
18. Juni	13.30	Nelson Mandela Bay	**Deutschland – Serbien**
19. Juni	16.00	Rustenburg	**Ghana – Australien**
23. Juni	20.30	Soccer City (Joh.)	**Ghana – Deutschland**
23. Juni	20.30	Nelspruit	**Australien – Serbien**

GRUPPE G
BRASILIEN   NORDKOREA   ELFENBEINKÜSTE   PORTUGAL

15. Juni	16.00	Nelson Mandela Bay	**Elfenbeinküste – Portugal**
15. Juni	20.30	Ellis Park (Joh.)	**Brasilien – Nordkorea**
20. Juni	20.30	Soccer City (Joh.)	**Brasilien – Elfenbeinküste**
21. Juni	13.30	Kapstadt	**Portugal – Nordkorea**
25. Juni	16.00	Durban	**Portugal – Brasilien**
25. Juni	16.00	Nelspruit	**Nordkorea – Elfenbeinküste**

GRUPPE H
SPANIEN   SCHWEIZ   HONDURAS   CHILE

16. Juni	13.30	Nelspruit	**Honduras – Chile**
16. Juni	16.00	Durban	**Spanien – Schweiz**
21. Juni	16.00	Nelson Mandela Bay	**Chile – Schweiz**
21. Juni	20.30	Ellis Park (Joh.)	**Spanien – Honduras**
25. Juni	20.30	Pretoria	**Chile – Spanien**
25. Juni	20.30	Bloemfontein	**Schweiz – Honduras**

VIERTELFINAL

SPIEL 57
02. Juli	16.00	Nelson Mandela Bay	**Sieger Spiel 53 – Sieger Spiel 54**

SPIEL 58
02. Juli	20.30	Soccer City (Joh.)	**Sieger Spiel 49 – Sieger Spiel 50**

SPIEL 59
03. Juli	16.00	Kapstadt	**Sieger Spiel 52 – Sieger Spiel 51**

SPIEL 60
03. Juli	20.30	Ellis Park (Joh.)	**Sieger Spiel 55 – Sieger Spiel 56**

HALBFINAL

SPIEL 61
06. Juli	20.30	Kapstadt	**Sieger Spiel 57 – Sieger Spiel 58**

SPIEL 62
07. Juli	20.30	Durban	**Sieger Spiel 59 – Sieger Spiel 60**

SPIEL UM PLATZ 3
SPIEL 63

10. Juli   20.30 Nelson Mandela Bay

Verlierer Spiel 61

–

Verlierer Spiel 62

FINAL

SPIEL 64
11. Juli   20.30 Soccer City (Joh.)

Sieger Spiel 61

–

Sieger Spiel 62

WM 2010

INHALT

IMPRESSUM

Besuchen Sie uns im Internet unter:
www.weltbild.ch

Weltbild Buchverlag
- Originalausgaben -
© 2009 Weltbild Verlag, CH-Olten

ISBN: 978-3-03812-251-7 (Weltbild)
ISBN: 978-3-03781-005-7 (FARO)

Das Werk einschliesslich aller seiner Teile ist urheberrechtlich geschützt. Jede Verwertung ausserhalb des Urhebergesetzes ist ohne Zustimmung des Verlages unzulässig und strafbar. Dies gilt insbesondere für Vervielfältigungen, Übersetzungen, Mikroverfilmungen und der Einspeicherung und Verarbeitung in elektronischen Systemen.

HERAUSGEBER
Ulrich Kühne-Hellmessen
Geschäftsführender Chefredaktor
Sportverlag Europa Medien AG

KONZEPTION, REDAKTION, PRODUKTION
Sportverlag Europa Medien AG
Seestrasse 473, CH-8038 Zürich
www.sportverlageuropa.com

KOORDINATION UND PRODUKTION
Daniel Wojczewski

REDAKTIONELLE MITARBEIT
Tobias Erlemann, Sandra Plaza,
Marcel Siegenthaler

AUTOREN
Tobias Erlemann, Dominic Ledergerber,
Sandra Plaza, Marco Rüegg, Daniel
Wojczewski, Ueli Zoss

TITELGESTALTUNG UND LAYOUT
Thomas Uhlig / www.coverdesign.net
Design: Marc Weber (Ltg.), Janine Leemann
Layout: Alexandra Eggenberger, Steffen Mross,
Michael Müller, André Suter

Statistik www.fifa.com,
www.football.ch
Sämtliche statistischen Daten haben den
Stichtag 1. Dezember 2009.

FOTOS EQ Images GmbH, Zürich

LEKTORAT Nathalie Szabo

DRUCK PVA, Landau

Porträts

Das Schweizer Team 6
Eine Bestandsaufnahme

Das Schweizer Quartier 9
Hier logieren unsere Stars

Ottmar Hitzfeld 10
Der Erfolgsgarant

Stephan Lichtsteiner 14
Botschafter im Süden Afrikas

Otto Pfister 16
Der grosse Abenteurer

WM-History 118
Die 10 besten Geschichten
aus 76 Jahren Fussball-WM

Teams

Gruppe A
Südafrika	20
Mexiko	22
Uruguay	24
Frankreich	26

Gruppe B
Argentinien	28
Nigeria	30
Südkorea	32
Griechenland	34

Gruppe C
England	36
USA	38
Algerien	40
Slowenien	42

Gruppe D
Deutschland	44
Australien	46
Serbien	48
Ghana	50

INHALT

Stadien und Städte

84	Karte Südafrika
86	Soccer-City-Stadion/Johannesburg
88	Ellis-Park-Stadion/Johannesburg
90	Green-Point-Stadion/Kapstadt
92	Moses-Mabhida-Stadion/Durban
94	Nelson-Mandela-Bay-Stadion/ Nelson Mandela Bay
96	Free-State-Stadion/Bloemfontein
98	Mbombela-Stadion/Nelspruit
99	Royal-Bafokeng-Stadion/ Rustenburg
100	Peter-Mokaba-Stadion/Polokwane
101	Loftus-Versveld-Stadion/Pretoria

Stars

Roque Santa Cruz	104
Xavi	104
Frank Lampard	105
Kolo und Yaya Touré	106
Mesut Özil	106
Karim Benzema	107
Wesley Sneijder	108
Dani Alves	108
Kun Agüero	109
Obafemi Martins	110
Nani	110
Andrea Pirlo	111

Statistik

WM-Qualifikation der Schweiz im Detail	8
WM-Qualifikation: Alle Spiele, alle Tabellen	112
WM-Rekorde und Statistiken	116
Alle Weltmeister von 1930 bis 2006	124
26 Schweizer WM-Partien von 1934 bis 2006	126

Gruppe E
Niederlande	52
Dänemark	54
Japan	56
Kamerun	58

Gruppe F
Italien	60
Paraguay	62
Neuseeland	64
Slowakei	66

Gruppe G
Brasilien	68
Nordkorea	70
Elfenbeinküste	72
Portugal	74

Gruppe H
Spanien	76
Schweiz	78
Honduras	80
Chile	82

PORTRÄT — Team Schweiz

Träumen ist erlaubt

Bis zur WM in Südafrika wartet auf Nationalcoach Ottmar Hitzfeld noch viel Arbeit. Was läuft gut? Was läuft schlecht? Eine Bestandsaufnahme.

VON TOBIAS ERLEMANN

Es war ein steiniger Weg, bis die Qualifikation der Schweizer Nationalmannschaft für die WM-Endrunde 2010 geschafft war. Die Furchen im Gesicht von Coach Ottmar Hitzfeld zeichneten sich deutlich ab, ein Spaziergang war es nicht. Das Luxemburg-Desaster zu Beginn seiner Amtszeit lässt grüssen. Das schlussendlich die Qualifikation geschafft wurde, ist umso höher zu bewerten.

Die entscheidende Szene war die 77. Minute beim Auswärtsspiel in Griechenland: Traumpass des Sekunden zuvor eingewechselten Hakan Yakin auf Blaise Nkufo. Tor, das 2:1, der Sieg. Von da an lief es wie am Schnürchen. Es folgten sechs Spiele ohne Niederlage, davon vier Siege in Folge. Im Fussball liegen Siege oder Niederlagen eben ganz dicht beieinander. Oder besser gesagt: oftmals nur einen Pass entfernt.

Mit Tränen in den Augen genoss Hitzfeld nach der endgültigen Qualifikation den Jubel in Basel. Er zeigte offen seine Erleichterung. Aber auch, wie sehr er unter Druck stand, seinen Nimbus als «Erfolgscoach» zu halten. «Als Nationaltrainer bin ich einem ganzen Land verpflichtet. Ich wollte die Schweiz nicht enttäuschen», lässt Hitzfeld tief in seine Seele blicken.

Jetzt also Südafrika 2010. Es wird ein heisser Sommer. Auch für Hitzfeld. Doch bis zum Start hat der 60-Jährige noch einiges zu tun. Denn wirklich rund läuft es im Schweizer Team noch nicht. Zur eigenen Nervenberuhigung hat der Deutsche auf der Goalie-Position null Probleme. In Diego Benaglio hat er einen Weltklasse-Keeper als Rückhalt, der 26-Jährige strahlt Ruhe und Souveränität aus. Und wer Benaglio kennt, der weiss: Selbst bei seiner ersten WM wird er völlig cool an die Sache rangehen, denn mental ist er stark, der Druck prallt von ihm ab.

Qualitätsproblem Innenverteidigung?

Ein starker Benaglio wird auch nötig sein. Denn ganz offen: vor ihm klafft eine Qualitätslücke. Zwar haben Philippe Senderos und Johan Djourou hervorragende Anlagen. Nur können sie diese im Verein bei Arsenal London nicht zeigen. Senderos ist aussortiert und muss dringend über einen Wechsel nachdenken. Djourou ist dauerverletzt. Die Alternativen Stéphane Grichting und Steve von Bergen sind grundsolide. Nicht mehr, aber auch nicht weniger. Für den zuletzt aufgebotenen Heinz Barmettler kommt die WM zu früh, der FCZ-Verteidiger muss noch zulegen, um Weltstars an die Leine zu nehmen.

Auf den Aussenbahnen ist die Situation recht entspannt. Stephan Lichtsteiner ist Stammspieler bei Lazio Rom, Christoph Spycher Captain und Leader bei Eintracht Frankfurt. Einziges Problem: Offensiv kommt von beiden zu wenig, da muss eine Steigerung her. Aber sind die beiden fit, steht die Deckung auf den Flanken. Doch genügt diese Abwehr internationalen Ansprüchen? «Ich bin überzeugt von unserer Defensive. Wir können international mithalten. In der Qualifiaktion kassierten wir nur acht Gegentore in zehn Spielen. Ein guter Wert», sagt Hitzfeld. Aber auch er weiss: In Südafrika warten nicht Luxemburg oder Moldawien auf sein Team, da wird die Abwehr anders gefordert sein.

Ganz wichtig ist deshalb ein Gökhan Inler in Topform. Er ist der Leader und Herrscher im defensiven Mittelfeld. Der 25-Jährige Udine-Söldner hat das Potential für die absolute Weltspitze. Defensiv zeigt er immer seine Quali-

PORTRÄT

Bilder, die wir uns auch in Südafrika wünschen: Schweizer Jubel nach dem 1:0 gegen Griechenland.

täten. Bis zur WM muss er aber weiter an seinem Offensiv-Spiel arbeiten. Zu selten sucht er den eigenen Abschluss, zu wenig präzise kommen seine Pässe in die Spitze. Ein Wechsel im Sommer zu einem Topteam wäre für Inler gut gewesen, um den Sprung zum Topstar zu schaffen. Bei Udinese hat er seinen Stammplatz zwar auf sicher, aber stagniert teilweise in seinen Leistungen.

Wieder im Aufschwung ist Tranquillo Barnetta. Leverkusen spielt überragend – und mit dem Team auch der Schweizer. In der Nationalmannschaft muss er aber nun endlich wieder Spitzenleistungen zeigen. Dass er ein vorzüglicher Spieler ist, das weiss jeder, auch er selbst. Er muss aber das Team mitführen, muss konstant Akzente setzen, muss entscheidende Szenen erzwingen. Zu oft in den letzten Spielen blieb es nur bei Versuchen. Dribblings schlugen fehl, der Torschabschluss war zu harmlos. Im Sommer zeigt sich, ob Barnetta, wie Inler, ein absoluter Topstar wird.

Im Sturm hängt wie immer alles von Alex Frei ab. Seine kritisch beäugte Rückkehr zum FC Basel war rückblickend so schlecht nicht. Ob Liga, Cup oder Europa League. Frei trifft und trifft und trifft. Das gibt Selbstvertrauen. Dazu blüht neben dem Captain auch Marco Streller wieder auf. Macht er so weiter, hat er gute Einsatzchancen in Südafrika. Auch wenn die Fans nicht auf Streller stehen. Hitzfeld gefällt, wie Frei und Streller harmonieren. Zumal Nkufo zuletzt nicht überzeugte. In Holland schiesst er zwar weiterhin viele Tore. Aber im Nationalteam blieb er blass. Sein letztes Goal erzielte er beim 2:0 gegen Moldawien. Danach folgten aber

WM 2010

PORTRÄT Team Schweiz

Der Weg zur WM

Israel – Schweiz 2:2 (0:1)
06.09.2008, Stadion Ramat Gan, Tel Aviv
Zuschauer: 31 236
Tore:
- 0:1 Hakan Yakin (45.)
- 0:2 Blaise Nkufo (55.)
- 1:2 Yossi Benayoun (73.)
- 2:2 Ben Sahar (92.)

Schweiz – Luxemburg 1:2 (1:1)
10.09.2008, Letzigrund, Zürich
Zuschauer: 20 500
Tore:
- 0:1 Jeff Strasser (27.)
- 1:1 Blaise Nkufo (43.)
- 1:2 Alphonse Leweck (86.)

Schweiz – Lettland 2:1 (0:0)
11.10.2008, AFG Arena, St. Gallen
Zuschauer: 18 026
Tore:
- 1:0 Alex Frei (63.)
- 1:1 Deniss Ivanovs (71.)
- 2:1 Blaise Nkufo (73.)

Griechenland – Schweiz 1:2 (0:1)
15.10.2008, Stadion Karaiskaki, Piräus
Zuschauer: 30 000
Tore:
- 1:0 Alex Frei (42.)
- 1:1 Angelos Charisteas (68.)
- 1:2 Blaise Nkufo (77.)

Moldawien – Schweiz 0:2 (0:1)
28.03.2009, Stadion Zimbru, Chisinau
Zuschauer: 10 000
Tore:
- 0:1 Alex Frei (32.)
- 0:2 Gelson Fernandes (93.)

Schweiz – Moldawien 2:0 (1:0)
01.04.2009, Stade de Genève, Genf
Zuschauer: 20 100
Tore:
- 1:0 Blaise Nkufo (20.)
- 2:0 Alex Frei (53.)

Schweiz – Griechenland 2:0 (0:0)
05.09.2009, St. Jakob-Park, Basel
Zuschauer: 38 500
Tore:
- 1:0 Stéphane Grichting (83.)
- 2:0 Marco Padalino (88.)

Lettland – Schweiz 2:2 (0:1)
09.09.2009, Stadion Skonto, Riga
Zuschauer: 9000
Tore:
- 0:1 Alex Frei (43.)
- 1:1 Aleksandrs Cauna (62.)
- 2:1 Vitalijs Astafjevs (75.)
- 2:2 Eren Derdiyok (80.)

Luxemburg – Schweiz 0:3 (0:3)
10.10.2009, Stade Josy Barthel, Luxemburg
Zuschauer: 8200
Tore:
- 0:1 Philippe Senderos (6.)
- 0:2 Philippe Senderos (8.)
- 0:3 Benjamin Huggel (22.)

Schweiz – Israel 0:0
14.10.2009, St. Jakob-Park, Basel
Zuschauer: 38 500
Tore: –

Abschlusstabelle Gruppe 2

Pl.	Land	Sp.	Tore	Pkte
1	Schweiz	10	18:8	21
2	Griechenland	10	20:10	20
3	Lettland	10	18:15	17
4	Israel	10	20:10	16
5	Luxemburg	10	4:25	5
6	Moldawien	10	6:18	3

Die Schweizer Spielmacher: Tranquillo Barnetta (l.) und Gökhan Inler.

487 Minuten ohne Treffer. Die formstarken Streller und Eren Derdiyok scharren mit den Hufen. Dazu will Newcomer Albert Bunjaku seine Chance nutzen. Konkurrenz belebt bekanntlich das Geschäft. Hitzfeld kann sich auf eine stürmische WM freuen.

Wer springt auf den WM-Zug auf?

«Jeder hat noch die Chance, sich für die WM zu empfehlen. Leistung wird belohnt», gibt Hitzfeld die Parole für 2010 aus. Und es hat einige Kandidaten, die noch auf den WM-Zug aufspringen können. Ganz vorne sicher Valentin Stocker, der neben Frei und Streller in Basel fantastisch spielt. Dazu täte ein Wirbelwind wie Mario Gavranovic dem Team gut. Als Ergänzungsspieler, der eine Abwehr mit seinen Tricks in Verlegenheit bringen kann. Eben ein idealer Joker.

Und dann gibt es ja noch die U17-Weltmeister. Wer darf mit? Realistisch gesehen keiner. Natürlich wurden nach der Sensation Stimmen laut, die Youngster ins kalte Wasser zu werfen, nur dieses Wasser ist noch zu eisig. Der Sprung von den Junioren zu einer A-WM ist zu gross. Hitzfeld weiss, wie er mit der Situation umgehen muss. Umsichtig, seriös, pflichtbewusst. Eben so, wie er auch als Coach ist.

Die Erwartungshaltung im Land ist gross. Das weiss auch Hitzfeld. «Wir wollen die Vorrunde überstehen, das ist unser Ziel», gibt er bescheidene Parolen aus. Um dann anzufügen: «Dann kommt die K.-o.-Runde – und in einem Spiel ist vieles möglich.» Wer Hitzfeld kennt, der weiss: «Nur» mit dem Weiterkommen gibt er sich nicht zufrieden. Und genau diese Mentalität muss er dem Team weiter einimpfen. Die Mannschaft ist jung, willig, ehrgeizig. Oder wie Hitzfeld es ausdrückt: «Wir wollen ein Favoritenschreck werden.» Gelingt bis zum Sommer noch eine Weiterentwicklung, wird die Qualifikation sicher nicht der grösste Erfolg in der Nationaltrainer-Vita von Hitzfeld bleiben. Und wie sagt er doch selbst: «Träumen ist immer erlaubt.» Dann mal auf nach Südafrika!

PORTRÄT

Hier residiert unser Nationalteam an der WM

Am 11. Juni 2010 beginnt die WM in Südafrika. Im «Emerald Casino Resort» residiert die Schweiz – und will von dort aus gross durchstarten.

Die Spieler müssen sich in Südafrika auf lange Winternächte einstellen. Der Lagerkoller scheint vorprogrammiert – das weiss auch Nationalcoach Ottmar Hitzfeld: «Wir müssen den Spielern Freizeitmöglichkeiten bieten, damit keine Langeweile aufkommt. Sonst kann schnell schlechte Stimmung entstehen.»

Die Unterkunft hingegen ist schon unter Dach und Fach: Die Schweizer Stars werden im «Emerald Casino Resort» residieren. Ein Vier-Sterne-Hotel in der Nähe von Johannesburg. Da die Spielorte der Schweiz – Durban, Port Elizabeth und Bloemfontein – mehrere Hundert Kilometer entfernt sind, wird sich die Schweiz wohl nur mit dem Flugzeug fortbewegen.

Die Lage:
Das Vier-Sterne-Resort liegt in der Provinz Gauteng, zirka 45 Autominuten nördlich von Johannesburg am Ufer des Vaal-Flusses.

Unterbringung:
Das Resort besteht aus 77 Hotelzimmern, 10 Luxus-Lodges im Stil von Safari-Lodges im Serengeti-Park und 99 Selbstversorger-Hütten. Die Preise der Hotelzimmer bewegen sich zwischen umgerechnet knapp 140 bis 280 Franken.

Freizeitmöglichkeiten:
Der berüchtigte Lagerkoller wird sich kaum einstellen. Dafür sind die Freizeitmöglichkeiten des Resorts zu gross.

Aquadome:
Ein überdachtes Abenteuer-Schwimmbad (siehe Foto) mit diversen Wasserrutschen kann zur Regeneration genutzt werden.

Pins Bowling Alley:
Ein hoteleigenes Bowling-Center mit zehn Bowlingbahnen steht bereit.

Wall Climbing:
An zwei Kletterwänden können die Nati-Cracks ihren Höhenrausch neben dem Fussball voll ausleben.

Adventure Golf:
Eine Minigolf-Anlage der besonderen Art.

Animal World:
Ein Natur-Erlebnis mit den zahlreichen Tieren Südafrikas.

WM 2010

PORTRÄT Ottmar Hitzfeld

Der Erfolgsgarant

Auch unangenehme Entscheidungen trifft Ottmar Hitzfeld konsequent und vertritt diese eindrucksvoll. Der ausgezeichnete Rhetoriker und Psychologe hat dem Schweizer Team neues Selbstvertrauen eingeimpft.

VON ULRICH KÜHNE-HELLMESSEN

Anfang 2009 feierte er seinen 60. Geburtstag. Auf eine für ihn typische Weise: Gemeinsam mit seiner Frau Beatrix «flüchtete» er auf die Malediven, um dem Feiertrubel zu entgehen.
Ende 2009 hat sich Ottmar Hitzfeld einen weiteren Lebenstraum erfüllt. Er fährt als Trainer der Schweizer Nationalmannschaft zu einer Weltmeisterschaft. Und das ohne den Umweg über die «Barrage». Vor Griechenland, Israel und den erstarkten Letten belegte er mit der Schweiz Platz eins in Europas Gruppe 2. Das Nervenspiel der Entscheidungsspiele, das Frankreich, Portugal, Serbien gehen mussten, an dem Russland, die Ukraine und Irland scheiterten, liess Hitzfeld einfach aus.
Die Liste seiner aussergewöhnlichen Erfolge ist damit um ein Kapitel reicher geworden. Ottmar Hitzfeld gewann mit zwei unterschiedlichen Vereinen die Champions League: 1997 mit Borussia Dortmund, 2001 mit dem FC Bayern München. Er holte mit Bayern und dem BVB den Weltpokal. Er wurde Deutscher Meister mit Bayern (1999, 2000, 2001, 2003, 2008) und mit Dortmund (1995, 1996). Den Schweizer Meistertitel gewann er mit GC (1990 und 1991) und dazu unzählige Cup-Siege, den ersten mit dem FC Aarau im Jahr 1985.
Der Mathematik-Lehrer aus Lörrach ist damit nicht nur der erfolgreichste Trainer der Bundesliga, sondern mit seiner Erfolgsbilanz einer der besten Trainer der Welt. Die persönlichen Auszeichnungen, die ihm eher unwichtig sind, belegen das eindrucksvoll: 1985 Trainer des Jahres in der Schweiz, 1997 und 2001 Welt-Trainer des Jahres, und zum Abschluss seiner einzigartigen Vereinskarriere wurde er 2008 auch in Deutschland zum Trainer des Jahres gewählt.
Bleibt die Frage: Warum ist Ottmar Hitzfeld so gut? Welche Fähigkeiten machen ihn zum besten Trainer der Welt? Wer ist dieser Über-Trainer?

Michel Pont (l.) und Ottmar Hitzfeld liegen sich nach der geschafften WM-Quali in den Armen.

Ottmar Hitzfeld ist kein «Glückskind» wie Franz Beckenbauer, dem aller Erfolg in den Schoss zu fallen scheint. Er ist studierter Mathematiker (Lehramt) und damit ein Analytiker. Ein kühler Rechner, der sich jeden Erfolg hart erarbeiten musste. Wie den mit der Schweiz: Der Start in seine Karriere als Nationaltrainer verlief alles andere als glänzend. 2:2 nach einer 2:0-Führung in Israel, danach das unfassbare 1:2 gegen einen Underdog wie Luxemburg. Doch diese Rückschläge waren nötig, um ihm bei seiner neuen Mannschaft Glaubwürdigkeit zu verschaffen. Luxemburg blieb so die einzige Niederlage in der WM-Qualifikation.

Team-Umbau gelungen
Seine Stärke ist Psychologie und Rhetorik. Seine herausragende Fähigkeit ist der menschliche Respekt, den er jedem einzelnen Spieler entgegen bringt. Und das nicht den nur Stammspielern, sondern allen gleichermassen, von der Nummer 1 bis zur Nummer 22. So werden Erbhöfe vernichtet und Leistungen provoziert.
Betrachten wir die Spieler, die Ottmar Hitzfeld in sein Team eingebaut hat. Die Stammelf 2009 ist auf fünf Positionen gegenüber der Euro-Elf 2008, die Köbi Kuhn ins Rennen schickte, verändert. Das mögen zum Teil Notwechsel auf Grund von Verletzungen oder fehlender Spielpraxis (Müller, Senderos) gewesen sein, aber auch Charakterentscheidungen. Dass

PORTRÄT

«General» Hitzfeld mit seinem Glücksmantel beim Spiel in Luxemburg.

WM 2010

PORTRÄT
Ottmar Hitzfeld

Klare Anweisungen sind die Stärke des Rhetorikers Hitzfeld.

Stéphane Grichting zum Matchwinner gegen Griechenland wurde, war kein Zufall. Dass er sich zum Leistungsgarant in der Abwehr mauserte, hat er sich durch konstante und konzentrierte Leistungen selbst erarbeitet. Die Akzeptanz in der Mannschaft war die logische Folge, was wiederum auch sein Selbstvertrauen steigerte. Hitzfeld kennt diese professionellen Mechanismen wie kein Zweiter. Er hat das Potential von Grichting, seit Jahren Stammspieler in Auxerre, erkannt und ihm die Chance gegeben.
Nehmen wir Alex Frei. Der Kapitän ist längst nicht mehr unumstritten und hat auch keine Wildcard mehr. Als er, durch grippalen Infekt geschwächt, im Entscheidungsspiel gegen Israel unbedingt auflaufen wollte, blieb Hitzfeld hart und konsequent: Frei blieb auf der Bank.

Konsequente Entscheidungen

Um Unzufriedenheit im Keim zu ersticken, ist konsequentes Handeln nötig. Hitzfeld agiert, um später nicht reagieren zu müssen. Er spricht mit den Spielern, teilt ihnen auch unangenehme Entscheidungen mit und versucht zu erklären, ohne sich erweichen zu lassen. Er ist der «General», er trifft die Entscheidungen, die er stark und eindrucksvoll vertritt.
Was sich so simpel und logisch anhört, ist sein Erfolgsgeheimnis. Wer kennt das nicht, dass ein Chef zwar Entscheidungen trifft, aber diese nicht kommunziert. Oder Entscheide auf indirektem Weg vervielfältigen lässt, was den Unmut der Betroffenen steigert. Die direkte und konsequente Art, die Hitzfeld lebt und praktiziert, ist nicht selbstverständlich. Schon gar nicht in dem so öffentlichen Fussball-Business.
Der Analytiker geht noch einen Schritt weiter. Er setzt sich Ziele und formuliert diese Ziele klar und deutlich. Vor einem Jahr noch sagte er in einem Interview mit dem Fussball-Magazin EUROSOCCER: «Ich will Gruppensieger werden, für mich zählt nur Platz eins.» Wären Herr und Frau Schweizer auch schon mit Platz 2 zufrieden gewesen und der Chance, über die Barrage zur WM zu kommen, so gilt das nicht für Hitzfeld. Die Botschaft war klar, auch an die Spieler. Dabei setzt er die Ziele nicht zu hoch, sondern nennt Etappenziele. Spiel für Spiel für Spiel. Das Ende ist bekannt: War das 2:1 in Griechenland nur vier Wochen nach dem 1:2-Desaster gegen Luxemburg erzielt – der Wendepunkt zwischen der Ära Kuhn und Hitzfeld – so bedeutete das 2:0 in Basel gegen den Ex-Europameister die Krönung. Viele behaupten: Kein anderer Trainer hätte die Schweiz auf Platz eins geführt, weil diese Generation Schweizer Nationalspieler nicht mehr als Durchschnitt zu bieten haben. Die Zeiten, als Chapuisat (Dortmund), Vogel (Eindhoven), Henchoz (Liverpool), Müller (Lyon) oder Sforza (München) als Leistungsträger in europäischen Spitzenklubs die Schweizer Nationalfarben vertraten, sind vorbei. Senderos hat den Durchbruch bei Arsenal London nicht geschafft, Barnetta gilt als ewiges Talent, Frei, Streller, Vonlanthen und Yakin sind in die Axpo Super League zurückgekehrt. Das ist die Bestandsaufnahme der Schweizer Fussballqualität anno 2009. Trotzdem hat

Hitzfeld mit Frau Beatrix an einer Charity-Veranstaltung in Zürich.

PORTRÄT

Umringt von Radio-Journalisten an der Medienkonferenz in Riga, Lettland.

es Hitzfeld geschafft, dieses Team letztlich souverän zur Weltmeisterschaft nach Südafrika zu führen.

Zu Hause in Bern sitzt Ex-Zentralpräsident Ralph Zloczower und darf sich noch heute selbst gratulieren. Er war es, der gemeinsam mit dem Delegierten Ernst Lämmli und dem damaligen Ligachef Peter Stadelmann nach München reiste, um dem Star-Trainer die Offerte zu überreichen. Zuvor hatten sie ausgelotet, dass es nur ein Ja, aber kein Nein geben konnte. Hitzfelds Ambition, die deutsche Nationalmannschaft zu trainieren, hatte sich längst erledigt. Als Jürgen Klinsmann das deutsche Team nach dem überraschenden Rücktritt von Rudi Völler im Jahr 2004 übernahm, sprach vieles für Hitzfeld. Aber die Zeit war nicht reif, Hitzfeld beim FC Bayern unabkömmlich. Später ging alles seinen Gang, und an Hitzfeld vorbei. Auf Klinsmann folgte Löw, die Erfolge der DFB-Elf liessen keinen Hitzfeld zu. Als seine zweite Bayern-Epoche zu Ende ging, fehlte Hitzfeld die Alternative. Vereinstrainer? Nein, danke. Alles nach Bayern konnte nur ein Abstieg sein. Nationaltrainer? Ja, bitte. Was also lag näher, dorthin zu wechseln, wo alles begann – in die Schweiz?

Vertrag bereits verlängert

Dazwischen hing mit Erwin Zogg ein ehemaliger «Blick»-Journalist, der alles geschickt einfädelte, sowohl Verband als auch Trainer informierte und so alle möglichen Hürden im Vorfeld aus dem Weg geräumt hatte. So konnte es im Pokerspiel um den Wechsel vom FC Bayern zum Schweizerischen Fussballverband nur Gewinner geben. Bis heute. Und wir fragen uns: Wohin kann der Weg von Hitzfeld mit der Schweiz noch führen? Nur eine Antwort haben beide Seiten gegeben: Hitzfeld wird Trainer bleiben, auch nach der WM 2010. Er hat seinen Vertrag um zwei Jahre verlängert und soll das Schweizer Auswahlteam zur nächsten Europameisterschaft führen. Egal wie die WM ausgeht.

Aber der Schweiz ist in Südafrika viel zuzutrauen. Denn die Krönung der Karriere, die jeder Schweizer Nationalspieler mit der Euro 2008 im eigenen Land anvisierte, blieb aus. Ein Alex Frei zum Beispiel hat nur noch diese eine Chance. Die wird er nutzen. Dafür bürgt schon allein die Qualifikation eines Ottmar Hitzfeld. Wo wird das enden? In der Vorrunde wie bei der Euro 2004? Im Achtelfinal wie bei der WM 2006, als die Schweiz aus elf Metern an der Ukraine scheiterte?

Der Elf von Ottmar Hitzfeld ist mehr zuzutrauen. Vor allem dank Ottmar Hitzfeld.

PORTRÄT — Stephan Lichtsteiner

Botschafter im Süden

Für das Hilfswerk Solidarmed bereiste Stephan Lichtsteiner eine Woche lang Moçambique. Er erlebte in Afrika grosse Armut, aber auch viel Lebensfreude.

VON DANIEL WOJCZEWSKI

Am Ende einer langen Fussball-Saison freuen sich unsere Nationalspieler verdientermassen auf ein paar Wochen Urlaub. Die meisten von ihnen zieht es in die Ferne, ob Tauchurlaub auf den Malediven oder mit der Familie nach Südeuropa. Stephan Lichtsteiner verzichtete letzten Sommer auf erholsamen Luxusurlaub. Er verbrachte seine freie Zeit in Moçambique, einem der ärmsten Ländern der Welt, um als Botschafter des Hilfswerks Solidarmed vor Ort Aufklärungsarbeit in Sachen Gesundheitsvorsorge zu leisten. Vor allem aber auch, um Schweizerinnen und Schweizer auf die prekäre gesundheitliche Situation der Menschen im Süden Afrikas aufmerksam zu machen.

«Ich wollte nicht einfach nur Botschafter aus der Ferne sein», erklärt Lichtsteiner sein Engagement, «einen Scheck einreichen, und dann ist gut, das kann es nicht sein.» Sieben Tage lang reiste der Nationalspieler durch das Land, das nordöstlich an das WM-Gastgeberland Südafrika grenzt. Die Erfahrungen, die er dabei machte, wird er sein Leben lang nicht mehr vergessen. «Jemandem, der noch nie in diesem Teil Afrikas war, der diese Lebensumstände nie selbst miterlebt hat, kann man das nicht beschreiben», erzählt der 25-Jährige emotional, «das muss man mit eigenen Augen gesehen haben.»

Über einen Kollegen, der für Solidarmed am Moçambique-Projekt arbeitete, sei er mit dem Luzerner Hilfswerk in Verbindung gekommen, erzählt Lichtsteiner. «Ich will dazu beitragen, dass es den Menschen dort etwas besser geht. Diese Bedürfnis ist doch irgendwie normal, oder?» Doch nicht jeder Prominente, der sich sozial betätigt, bringt auch so viel persönliches Engagement mit wie Lichtsteiner. Siebe Tage lang begegnete er vielen kranken Menschen und erlebte Armut,

Seine Gegner spielen barfuss, Flip-Flops müssen umdribbelt werden.

FOTOS MAURICE HAAS

Lichtsteiner auf einer Krankenstation in Moçambique.

WM 2010

PORTRÄT

Afrikas

Wo ein Fussball ist, sind auch die Kinder nicht weit.

wie er sie noch nie zuvor gesehen hatte: «Es blutet einem schon das Herz, zu sehen, in welch ärmlichen Verhältnissen diese Menschen leben», erzählt der Rechtsverteidiger, der vor allem die ländlichen Gebiete Moçambiques bereiste, in denen die gesundheitliche Versorgung ein grosses Problem darstellt. «Verbunden mit dieser Armut kommen dann weitere Probleme wie verschmutztes oder nicht vorhandenes Trinkwasser und Krankheiten wie Malaria oder Aids. Viele dieser armen Leute haben gar kein Bewusstsein für die gesundheitlichen Gefahren, und wie sie sich davor schützen können. Deshalb ist es so wichtig, dass Organisationen wie Solidarmed vor Ort sind», erklärt Lichtsteiner.

Die Kraft des Fussballs

Neben der Armut und den vielen Problemen des 20-Millionen-Einwohner-Landes erlebte der Natonalspieler aber auch viel Optimismus und Fröhlichkeit. Die verbindende Kraft des Fussballs war für Lichtsteiner auch in Moçambique deutlich spürbar: «Die Kinder hatten eine Riesenfreude, ob sie gegen einen Lederball oder eine Kugel aus Plastiksäcken treten, spielt eigentlich keine Rolle. Die Menschen in Moçambique lieben den Fussball. Eine andere Sportart gibt es hier eigentlich nicht.» Und so werden sich die Einwohner Moçambiques nächstes Jahr gebannt vor den wenigen TV-Bildschirmen ihrer Dörfer versammeln, wenn im Nachbarland Fussball gespielt wird. Denn ein Ticket für ein Spiel kann sich der Grossteil des Landes natürlich nicht leisten. Der eine oder andere Moçambiquaner wird sich dann vielleicht speziell für die Spiele der Schweiz interessieren und Stephan Lichtsteiner anfeuern.

Wenn das Schweizer Team im nächsten Jahr nach Südafrika reist, wird man hauptsächlich in Luxus-Herbergen nächtigen und sich in Grossstädten aufhalten, wo die Armut nicht so durchschlägt wie auf dem Land. Lichtsteiner wird die WM-Reise womöglich mit gespalteneren Gefühlen antreten, als viele seiner Mannschaftskollegen. Denn der Spieler von Lazio Rom hat die Armut von Afrikas Landbevölkerung, die auch in vielen Teilen des WM-Gastgeberlandes herrscht, mit eigenen Augen gesehen. Lichtsteiner: «Eigentlich sol- lte nächstes Jahr jeder mal ins Landesinnere reisen und sich ein Bild davon machen, wie es im Inneren Afrikas wirklich aussieht.»

Lichtsteiner im Training bei Sporting Chiura.

WM 2010

PORTRÄT **Otto Pfister**

Zuletzt führte Otto Pfister Kamerun am Afrika-Cup 2008 auf Platz 2.

Der grosse

Kaum einer kennt den afrikanischen Fussball besser als Otto Pfister. Acht Nationalteams betreute er allein auf dem Schwarzen Kontinent.

VON UELI ZOSS

Plötzlich stand Otto Pfister in der Schweiz wieder im Rampenlicht. Am 20. Februar 2006 unterschrieb der deutsche Weltenbummler in der togolesischen Hauptstadt Lomé seinen Vertrag. Togo hatte mit Pfister eine Trainer-Legende von echtem Schrot und Korn für die WM 2006 in Deutschland verpflichtet. Was zu diesem Zeitpunkt schon bekannt war: Togo war der Schweiz in dieselbe WM-Vorrundengruppe zugelost worden.

Der damals 68-Jährige brachte wieder Ordnung ins Chaos der Nationalmannschaft von Togo. Der Auftritt der «Sperber» am Afrika-Cup einen Monat zuvor in Ägypten war von A bis Z nur peinlich verlaufen. Das Team hatte Verspätung, reiste ohne Punkt ab, dazwischen feilschten die Spieler um Antrittsprämien. Zudem lagen sich Trainer Stephen Keshi und sein Star Emmanuel Adebayor in den Haaren. Keshi verlor den Machtkampf mit dem damaligen Arsenal-Stürmer und musste gehen.

Er freue sich auf das Spiel gegen die Schweiz, sagte Pfister damals. «Das wird eine Riesensache.» Denn zur Schweiz hatte er schon immer eine spezielle Beziehung. Seine Frau Berta kommt aus Vilters SG. Von 1959 bis 1972 spielte sich Pfisters Fussball-Leben hierzulande ab. St. Gallen, Chiasso und Grenchen waren

WM 2010

PORTRÄT

Abenteurer

die wichtigsten Stationen. Heute lebt er in Mels SG.
Nach 1972 begann seine Zeit als Fussball-Globetrotter. Nach eigenen Angaben hat Pfister 136 Länder kennen gelernt. Von Burkina Faso bis zum ehemaligen Zaire coachte er insgesamt acht afrikanische Nationalteams. Sein grösster Erfolg war der Weltmeistertitel mit Ghanas U17-Auswahl 1991.

Bestechung und Intrigen
Dass die WM in Afrika etwas verändern, einen Aufschwung für den Kontinent bringen wird, ist für ihn unwahrscheinlich. «Kurzfristig bringt die WM dem Kontinent nichts. Fussball kann ja die Politik nicht verändern. Es tönt brutal, aber in Afrika gibt es nur wenig Hoffnung. Das belegen die tausenden von Flüchtlingen, die täglich auf seeuntüchtigen Booten die Kanarischen Inseln, Malta oder das italienische Lampedusa ansteuern. Wir dürfen aber nicht mit dem Finger auf die Afrikaner zeigen. Es ist eine exotische und fussballverrückte Welt. Afrika braucht Know-how, weniger Finanzhilfe. Wenn jemand in Afrika aus der Entwicklungshilfe keinen persönlichen Nutzen ziehen kann, wird er keinen Finger krumm machen.»
Mit Widrigkeiten hat der 72-Jährige in Afrika umgehen gelernt: «Da gab es alles. Ministerpräsidenten, welche die Aufstellung diktieren wollten. Hintermänner, die mir Geld angeboten haben, wenn ich diesen oder jenen Spieler einsetze. Ich legte jeweils das Telefon auf. Bei meiner letzten Station als Nationaltrainer in Kamerun wurde gegen mich intrigiert. Ich war in Barcelona, als der Sportminister ohne mein Wissen den Assistenztrainer entliess. Dann gibt es in Afrika viele sogenannte Berater, die kaufen von den Eltern einen talentierten Jungen für 100 Dollar ab.»
Trotz dieser Widrigkeiten befand sich Pfister aber immer in einer privilegierten Lage: «Ich konnte meine Umwelt

Trainer-Stationen

Als Nationaltrainer:

1972–1976:	Ruanda
1976–1978:	Obervolta (heute Burkina Faso)
1979–1982:	Senegal
1982–1985:	Elfenbeinküste
1985–1989:	Zaire (heute DR Kongo)
1989–1995:	Ghana
1995–1997:	Bangladesch
1997–1999:	Saudi-Arabien
2006–2006:	Togo
2007–2009:	Kamerun

Als Klub-Trainer:

1999–2002:	Zamalek/Ägypten
2002–2004:	CS Sfax/Tunesien
2004–2005:	Nejmeh SC/Libanon
2005–2005:	Al Masry/Ägypten
2006–2006:	Al Merriekh Omdourman/Sudan

aus einer sicheren Position heraus betrachten. Ich habe viel mit eigenen Augen gesehen. An Weitsicht und Übersicht fehlt es mir nicht.»
Und er zog das Abenteuer stets vor: «Hier in Europa ist alles geregelt und reglementiert. Wenn Sie Pech haben, stellen Sie Ihr Auto im Parkverbot ab. Mit solchen Kleinlichkeiten bin ich überfordert. In Afrika bin ich ein freier Mensch.»

«Doumbia könnte überraschen»
Trotz seiner Abenteuerlust gibt es auch manches Erlebnis, auf das der Weltenbummler lieber verzichtet hätte: «Einmal, auf dem Rückflug von der Elfenbeinküste, sind die Instrumente der Fokker 23 ausgefallen. Der Pilot sagte mir, er wisse nicht mehr, wo wir seien. Er verringerte die Höhe, um aufgrund der Vegetation unseren Standort zu ermitteln. Er prophezeite, dass wir über Togo fliegen und sich in der Nähe ein Militärflugplatz befinden müsse. Wir konnten dort landen und sind dann 300 Kilometer mit dem Zug nach Hause gefahren. Das dauerte zwei Tage.»
Der Afrika-Spezialist schätzt die Elfenbeinküste als stärkstes afrikanisches Team an der WM ein. Den «Elefanten» traut er das Erreichen der Halbfinals zu: «Die haben ein ganz starkes Team. Seydou Doumbia von den Young Boys kann eine Entdeckung dieser WM werden. Allerdings fehlt ihnen, wie vielen anderen afrikanischen Mannschaften, ein guter Torhüter. In Afrika ist das wie in Brasilien. Keiner will ins Tor. Draussen spielen ist viel attraktiver.»
Wo Pfister selbst die Zeit während der WM verbringen wird, weiss er noch nicht genau. «Zurzeit prüfe ich einige Angebote, die auch mit der WM zu tun haben. Bedingung, wieder als Trainer zu arbeiten, sind für mich gute sportliche Perspektiven.» Und wer Pfister kennt, weiss, ein Schuss Abenteuer darf auch nicht fehlen. ■

Freiheitsliebender Lebemann Pfister.

WM 2010

Teams

Die acht WM-Gruppen

Fast wäre die Schweiz an der Gruppenauslosung in der Hammergruppe G gelandet. Mit Chile und Honduras warten auf die Schweiz nun zwei Gegner auf Augenhöhe, mit Spanien das derzeit beste Team der Welt.

TEAMS — Südafrika

Gruppe A

SÜDAFRIKA – MEXIKO	FR, 11.06.10	16.00	SOCCER CITY (JOH.)
SÜDAFRIKA – URUGUAY	MI, 16.06.10	20.30	PRETORIA
FRANKREICH – SÜDAFRIKA	DI, 22.06.10	16.00	BLOEMFONTEIN

Wundertüte Bafana-Bafana

Knüpft Südafrika an die Leistungen des Confed Cups an, wird der Gastgeber nicht nur Kanonenfutter sein.

Confed Cup 2009: Südafrika – Spanien.

In Südafrika träumen die Fans Schlösser in die Luft, mächtiger als die Arenen, die extra für die Weltmeisterschaft aus dem Boden der Steppe gestampft wurden. Sie träumen davon, dass die Schallwellen abertausender Vuvuzelas die Bafana-Bafana zum Titel tragen. Und träumen ist erlaubt. Erst recht in Südafrika.

Im Prinzip hat Südafrika schon gewonnen. Der Welt populärster Sportanlass gastiert erstmals auf dem Schwarzen Kontinent. Endgültig. Trotz aller Zweifel, Auflagen, Verzögerungen. Im Prinzip ist dennoch nichts erreicht. Noch nicht. Erst muss das Turnier reibungslos über die Rasen und Runden gehen. Damit dies geschieht, braucht Südafrika ein funktionierendes Transportsystem, Unmengen an Sicherheitspersonal – und ein einigermassen erfolgreiches Nationalteam.

Confed Cup macht Hoffnung
Genau hinter diesem letzten Punkt steht ein fettes Fragezeichen. Wie bereit sind die Bafana-Bafana? Im FIFA-Ranking liegen sie auf Rang 86. Die Qualifikation für die WM in Deutschland 2006 haben sie verpasst, beim Afrika-Cup 2006 kein einziges Tor zu Stande gebracht. Und zwei Jahre später schieden sie, ebenfalls beim Afrika-Cup, als Schlusslicht der Gruppenphase aus. So weit die letzten Ernstkämpfe vor dem Heimspiel im Fokus der globalen Aufmerksamkeit.

Da war aber auch der Confed Cup 2009. Bei der Mini-WM konnte das Heimteam durchaus mithalten, schied erst gegen den späteren Sieger Brasilien aus und trotzte Europameister Spanien im Kampf um Rang 3 eine Verlängerung ab – nach einer Schlussphase, die selbst Star-Regisseur Steven Spielberg nicht dramatischer hätte inszenieren können.

1953 trat Südafrika der FIFA bei – als erste afrikanische Nation neben Ägypten, Äthiopien und dem Sudan. Wegen des Apartheid-Regimes wurde es zwischenzeitlich ausgeschlossen. 2010 kommt nun die Chance zur definitiven Rehabilitation. Mit dem WM-Pokal? Wahrscheinlich nicht. Aber träumen darf man. Auch in Südafrika. Besonders in Südafrika.

Der Star

Steven Pienaar

Ajax Amsterdam macht Schule – zum Beispiel in Kapstadt. Hier unterhält der holländische Traditionsverein eine Nachwuchsabteilung, in die 1999 der damals 17-jährige Steven Pienaar eintritt. Zwei Jahre darauf jettet der rastabezöpfelte Flügelturbo in die Niederlande und spurtet sich für Ajax fünf Jahre lang die Lunge aus dem athletischen Leib. Er weckt das Interesse von Borussia Dortmund, erhält dort die Nummer 10, aber spielt nicht wie eine. Es braucht einen Wechsel zum FC Everton, um der Karriere einen neuen Kick zu geben. Als 20-Jähriger nahm Pienaar an der WM 2002 teil. Acht Jahre später will er mit der Bafana-Bafana die Vorrunde überstehen.

TEAMS

Der Verband

Südafrikanischer Fussballverband

Gegründet: 1991
FIFA-Weltrangliste: 86.
Anzahl Vereine: 900
Registrierte Fussballer: 1 469 410
Rekordspieler: Aaron Mokoena (91 Einsätze)
Rekordtorschütze: Benni McCarthy (32 Tore)
Rekordmeister: Kaizer Chiefs
Grösste WM-Erfolge: WM-Vorrunde 1998, 2002
Top-Torschütze in der WM-Qualifikation: -

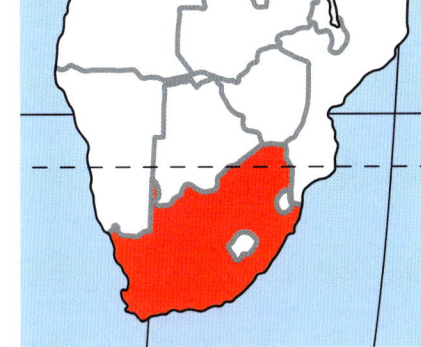

Die Wunsch-Elf

Der Trainer

Carlos Alberto Parreira mag klare Aufträge. Darum wird der Brasilianer 2007 Trainer von WM-Gastgeber Südafrika. Für ein paar Monate. Dann schicken ihn die Verbandsbosse in die Wüste – respektive zurück in die Heimat zu Fluminense. Bis sie ihm per Ende Oktober 2009 den Rückflug nach Kapstadt offerieren und Parreira zum zweiten Mal innert 24 Monaten zum Nationalcoach erklären.

An spontane Stellenwechsel hat sich der Mann aus Rio längst gewöhnt. Muss er, nach 42 Jahren im schnelllebigen Geschäft der Welt. 25 Mal hat er in dieser Zeit seinen Spind am einen Ort aus- und am nächsten wieder eingeräumt. Perreiras bisherige Stationen sind über sämtliche Kontinente verteilt, mit Ausnahme von Australien. Vor Südafrika coachte der Weltenbummler vier andere Nationalteams an WM-Endrunden: Kuwait, Saudiarabien, die Vereinigten Arabischen Emirate und zweimal Brasilien. Mit der «Seleção» wurde Parreira 1994 sogar Weltmeister.

WM 2010

TEAMS

Gruppe A — Mexiko

SÜDAFRIKA – MEXIKO	FR, 11.06.10	16.00	SOCCER CITY (JOH.)
FRANKREICH – MEXIKO	DO, 17.06.10	20.30	POLOKWANE
MEXIKO – URUGUAY	DI, 22.06.10	16.00	RUSTENBURG

Azteken-Elf dank Trainer-

Während der turbulenten WM-Quali verpflichtete Mexiko mit Javier Aguirre einen neuen Trainer, der es schaffte, innert kürzester Zeit ein Winner-Team zu formen.

Die mexikanische Nationalmannschaft zählt zu den Stärksten der nord- und zentralamerikanischen und karibischen Fussball-Assoziation CONCACAF. Seit der WM in Spanien 1982 ist «El Tri», wie das Nationalteam wegen seiner drei Nationalfarben genannt wird, in keiner Qualifikation mehr gescheitert. Erst im April hatte Mexiko die nord- und mittelamerikanische Meisterschaft gewonnen. Unter den Augen von FIFA-Präsident Sepp Blatter holten sie damit bereits zum fünften Mal den Titel des Kontinentalmeisters. Und so zeigte auch am Ende die Tabelle der WM-Qualifikation das erwartete Bild: USA und Mexiko, die gewöhnlich zu den WM-Stammgästen gehören, belegten auch in der WM-Qualifikation die vordersten Plätze. Doch der Weg dorthin war alles andere als leicht. Das mexikanische Team, das unter dem schwedischen Trainer Sven-Goran Eriksson in die Qualifikation gestartet war, zeigte schon bald grosse Schwächen. Zwischenzeitlich belegten sie gar den

Der Stürmer Guillermo Franco (M.) von West Ham United erkämpft sich den Ball.

Der Trainer

Erst im April 2009 wurde Javier Aguirre Trainer der Azteken-Elf. Der Mexikaner war bereits vor sieben Jahren Nationalcoach gewesen und hatte damals «El Tri» zur WM-Endrunde in Japan und Südkorea geführt. Erst kurz vor seiner Verpflichtung als Mexiko-Coach war Aguirre beim Erstligisten Atletico Madrid wegen Erfolglosigkeit entlassen worden. Er hatte es aber immerhin zweieinhalb Jahre auf dem «heissesten Schleudersitz» der spanischen Liga ausgehalten, länger als alle anderen Trainer in der jüngeren Vergangenheit. Das Ausscheiden Atleticos aus dem spanischen Pokal kostete den 50-Jährigen das Amt.

Javier Aguirre

vierten Platz und wären so nicht direkt für die WM qualifiziert gewesen. Kurzerhand beschloss der mexikanische Fussballverband zu handeln. Eriksson wurde kurzfristig entlassen. Neu sollte der ehemalige Nationaltrainer Javier Aguirre «El Tri» zur WM führen. Zwar ging auch unter seiner Führung das erste Spiel verloren. Danach aber folgten sechs Spiele ohne Niederlage.

Aguirre vereint das Team

Aguirre, der zuvor bei Osasuna und Atletico Madrid in der spanischen Liga aktiv war, schaffte es in

TEAMS

wechsel an die WM

Der Star

Rafael Márquez ist Captain und der grosse Star der mexikanischen Elf. Seine Profikarriere begann der Spieler des FC Barcelona bereits mit 17 Jahren in der höchsten mexikanischen Klasse. Vier Jahre später wechselte er nach Frankreich zum AS Monaco, wo er gleich nach der ersten Saison den Meistertitel holte. 2003 wechselte der clevere Innenverteidiger als erster Mexikaner für 5,25 Millionen Euro zum grossen FC Barcelona nach Spanien, wo er sich mit souveränen Leistungen – auch im defensiven Mittelfeld – einen Stammplatz erkämpfte und drei Meisterschaften sowie zwei Champions-League-Siege feiern durfte.

Somit ist Márquez der erste Mexikaner überhaupt, der je einen europäischen Vereinspokal gewinnt.

Zu seinen Vorbildern zählt Franz Beckenbauer, von dem er sagt: «Ich habe sein Spiel und seine Eleganz immer bewundert.» Und obschon Márquez in seiner Heimat selbst ein Fussball-Idol ist, wird er in Anlehnung an Beckenbauer «Kaiser von Michoacán» genannt. Wie sein Vorbild ist Márquez ein intelligenter Spieler, der sowohl das Mittelfeld läuferisch schnell überbrücken als auch milimetergenau Pässe über 70 Meter schlagen kann.

Für die mexikanische Nationalmannschaft debütierte Márquez 1997 beim 3:1-Sieg gegen Ecuador. Seither bestritt der Captain 58 Länderspiele. Seinen ersten internationalen Titel mit dem Nationateam gewann er 1999 im Alter von 20 Jahren, als Mexiko den FIFA-Confederations-Cup holte.

Rafael Márquez

kürzester Zeit, junge Nachwuchstalente wie den Ex-Barcelona-Spieler Giovani dos Santos und den 23-jährigen Andrés Guardado von Deportivo La Coruña in das Team zu integrieren. Zudem holte der Nationalcoach den erfahrenen Veteranen Cuauhtémoc Blanco aus dem Ruhestand zurück.

Angeführt von Superstar und Abwehrkoloss Rafael Márquez vom FC Barcelona verfügt die Mannschaft nun über eine gesunde Mischung aus routinierten Spielern und hochtalentierten Nachwuchskräften, die sich an der WM beweisen wollen. ■

Der Verband

Mexikanischer Fussballverband
Gegründet: 1927
FIFA-Weltrangliste: 15.
Anzahl Vereine: 311
Registrierte Fussballer: 324 595
Rekordspieler: Claudio Suárez (178 Einsätze)
Rekordtorschütze: Jared Borgetti (46 Tore)
Rekordmeister: CD Guadalajara
Grösste WM-Erfolge: WM-Viertelfinal 1970, 1986
Top-Torschütze in der WM-Qualifikation: Andres Guardado, Carlos Vela, Cuauhtémoc Blanco, Fernando Arce, Jared Borgetti, Pavel Pardo (je 3 Tore)

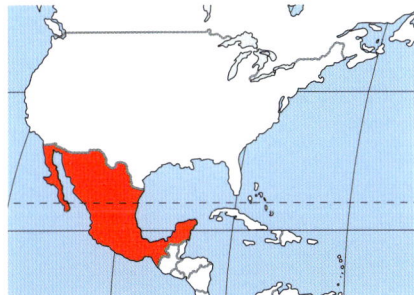

Die Wunsch-Elf

WM 2010

TEAMS
Gruppe A — Uruguay

URUGUAY – FRANKREICH	FR, 11.06.10	16.00	KAPSTADT
SÜDAFRIKA – URUGUAY	MI, 16.06.10	20.30	PRETORIA
MEXIKO – URUGUAY	DI, 22.06.10	16.00	RUSTENBURG

Ajax-Stürmer Luis Suarez (l.) im Testspiel gegen den Türken Hakan Balta.

Nur keine

Uruguay war einst eine Fussball-Grossmacht. Die Gegenwart für die «Urus» ist weniger glamourös.

Wer hat's erfunden? Klar, die Engländer – denken alle. Dabei hat Uruguay mindestens ebenso viel beigetragen zum Aufstieg des Fussballs zur wichtigsten Nebensache der Welt. Doch von der Geschichte kann man sich nichts kaufen. Und WM-Teilnahmen sind für die Südamerikaner zuletzt selten geworden.

Es war Sommer, im Paris von 1924. Uruguays Fussballer starteten an den olympischen Spielen eine imposante Serie von Triumphen, die sie zu einer sportlichen Macht der Zwischenkriegsjahre machte: Uruguays Kicker verteidigten die Goldmedaille

Der Star

Manchester United holte Diego Forlán 2002 in seine Reihen. 10 Tore gelangen Uruguays einzigem Superstar in 63 Spielen. Zu wenig, befanden die Vereinsbosse, und schoben ihn nach Spanien ab. Das dürften sie heute bereuen.

Nicht Ronaldinho, nicht Messi, auch nicht Raúl oder Van Nistelrooy. Der Torschützenkönig in Spaniens Primera División hiess in der vergangenen Saison Diego Forlán – schon zum zweiten Mal nach 2005. In 38 Runden hämmerte der 30-jährige Blondschopf 32 Kugeln in die gegnerischen Maschen. Ein ganz ordentlicher Wert in der vielleicht besten Liga der Welt.

Diego Forlán

Der Tor-Instinkt scheint bei den Floráns genetisch vererbt zu werden. Diegos Vater Pablo war schon Nationalspieler, zwei seiner Onkel sowie sein Grossvater heuerten als Profi beim argentinischen Spitzenverein CA Independiente an. Dort verdiente zwischenzeitlich auch Diego Forlán seine Brötchen, bevor ihn Manchester United abwarb, für knapp sieben Millionen Pfund. Nach zwei durchwachsenen Jahren waren die ManU-Bosse nicht unglücklich, konnten sie die scheinbar defekte Tormaschine nach Spanien zum FC Villarreal verkaufen. Heute dürften sich die «Red Devils» darüber grün und blau ärgern.

WM 2010

TEAMS

Der Verband

Uruguayischer Fussballverband
Gegründet: 1900
FIFA-Weltrangliste: 19.
Anzahl Vereine: 1220
Registrierte Fussballer: 41 800
Rekordspieler: Rodolfo Rodriguez (78 Einsätze)
Rekordtorschütze: Hector Scarone (31 T.)
Rekordmeister: Nacional Montevideo
Grösste WM-Erfolge: Weltmeister 1930, 1950
Top-Torschütze in der WM-Qualifikation: Diego Forlán (7 Tore)

Nostalgie

von Paris in Amsterdam 1928. Zwei Jahre darauf richtete das Land die erste Fussball-Weltmeisterschaft überhaupt aus und krönte den Event mit dem Heimsieg – vor der Rekordkulisse von 93 000 Augenpaaren in der damals grössten Arena des Planeten, dem Estadio Centenario zu Montevideo. 20 Jahre später folgte der zweite Weltmeisterpokal, diesmal quasi in der Höhle des Löwen erobert: im Lande des Erzfeindes und Nachbarn Brasilien. Omar Miguez, Juan Schiaffino und wie die Stars von damals alle hiessen, geniessen in der fussballverrückten Nation noch heute den Status von Volkshelden. Dazu kommen 14 Siege in der Copa América, womit Uruguay neben Argentinien an der Spitze der ewigen Rangliste steht.

Für diesen Klecks auf der Landkarte an der südamerikanischen Atlantikküste, eingeklemmt zwischen dem Río de la Plata und dem Río Uruguay, ist das eine ziemlich beeindruckende Bilanz. Die Gegenwart ist für Uruguay jedoch weit weniger glamourös. Die letzten vier Weltmeisterschaften verbrachte die Nationalmannschaft drei Mal als Zaungast und ein Mal (in Japan/Südkorea) als Kanonenfutter, ohne den Hauch einer Chance auf die Achtelfinals. Die letzte Trophäe, die Copa América von 1995, steht allein auf weiter Flur, und das mächtige Estadio Centenario erinnert als stummes Relikt an die besseren Zeiten. Bis zu dieser kühlen Nacht des 19. November 2009. Im Scheinwerferlicht ebendieser Arena löst Uruguay mit dem 1:0 über Costa Rica als allerletzte Mannschaft das Ticket für die WM in Südafrika. Dort zählt Uruguay bestimmt nicht zum Favoritenkreis. Aber es ist schon mal ein Anfang. ■

Der Trainer

Im Kontext der anderen südamerikanischen Nationaltrainer (unter anderem Maradona und Dunga) verblasst Oscar Tabarez zur Schattenfigur. Zu einer Schattenfigur auf hohem Niveau. Auf dem Feld brachte es der Mann aus Montevideo zwar nicht weit, dafür an der Seitenlinie. In seiner Referenzliste stehen grosse Vereine des Weltfussballs: Boca Juniors und die AC Milan. Dazu war Tabarez 1990 der letzte Coach, der Uruguays Fussballer in einen WM-Achtelfinal führte. Mit den Boca Juniors gewann er drei Jahre später den Meisterpokal in Argentinien, bevor er für ein sechsjähriges Gastspiel nach Europa flog. Seit 2006 bezieht der 62-Jährige sein Gehalt wieder vom heimischen Fussballverband. Und mit der WM-Qualifikation hat er die erste Hürde genommen auf dem Weg zurück zur glorreichen Fussball-Vergangenheit des Landes.

Oscar Tabarez

Die Wunsch-Elf

WM 2010

TEAMS

Frankreich

Gruppe A

URUGUAY – FRANKREICH	FR, 11.06.10	20.30	KAPSTADT
FRANKREICH – MEXIKO	DO, 17.06.10	20.30	POLOKWANE
FRANKREICH – SÜDAFRIKA	DI, 22.06.10	16.00	BLOEMFONTEIN

«Rien ne va plus» ohne Ribéry

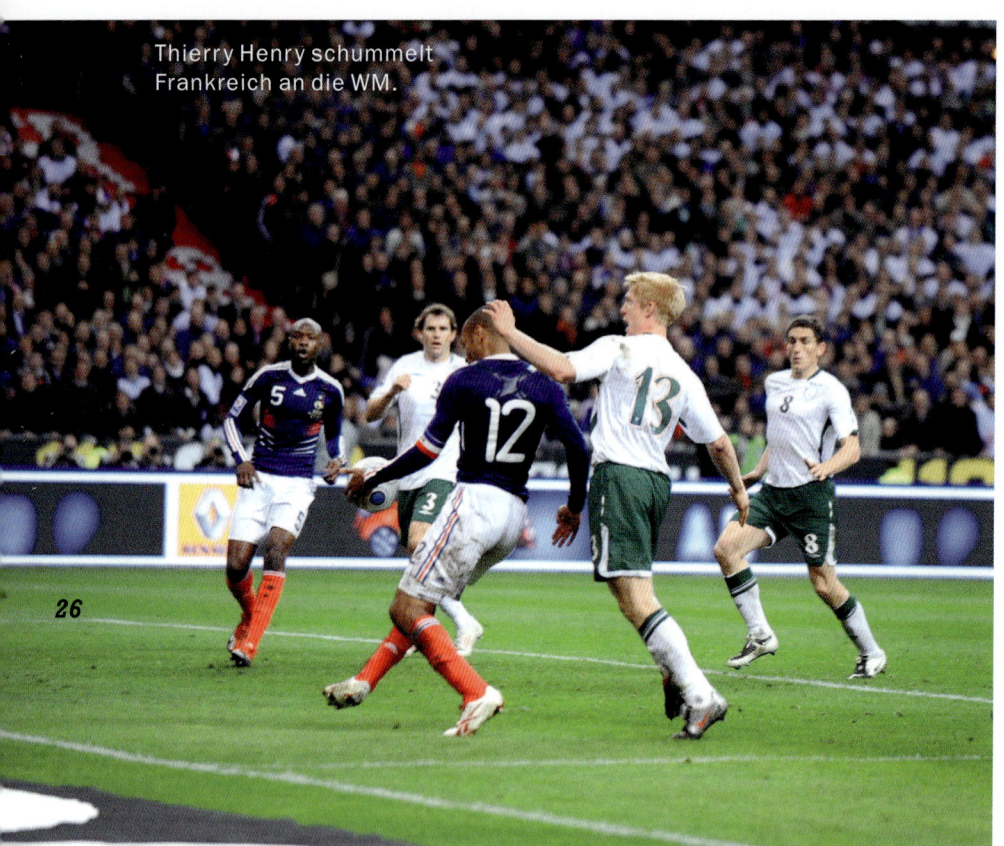

Thierry Henry schummelt Frankreich an die WM.

Seit Jahren schleppt der französische Verband Raymond Domenech von Turnier zu Turnier. Die Qualifikation der «Bleus» war ein Krampf, vor allem weil einer fehlte: Franck Ribéry.

Nach dem 1:1 im Barrage-Rückspiel gegen Irland und der damit geschafften WM-Qualifikation der Franzosen hatten alle Beteiligten ein schlechtes Gefühl. Die Iren waren sauer auf den Referee, der das Handspiel von Thierry Henry übersehen hatte, und haderten mit ihrem Schicksal. Den Franzosen war ihr Sieg irgendwie peinlich, und die TV-Zuschauer hatten Mitleid mit den

Der Trainer

Raymond Domenech.

In den 70er und 80er Jahren war Raymond Domenech eisenharter Aussenverteidiger und gewann mit Olympique Lyon, Racing Strassburg und Girondins Bordeaux diverse Titel. Mit 432 Erstliga-Einsätzen prägte der gebürtige Lyoner über anderthalb Jahrzehnte die französische Liga und brachte es auf acht Einsätze für die französische Nationalmannschaft. Nach Trainerstationen beim FC Mulhouse und in Lyon wechselte der 57-Jährige katalanischer Abstammung zum französischen Verband, wo er von 1993 bis 2004 französische Jugendauswahlen betreute. Nach Frankreichs Viertelfinal-Aus an der EURO 04 übernahm Domenech die «Equipe Tricolore». Unter seiner Ägide spielten die «Bleus» nur selten überzeugend, weshalb Domenech eigentlich unentwegt im Kreuzfeuer der Kritik steht. Der Einzug ins WM-Final 2006 verschaffte ihm beim Verband neuen Rückhalt. Trotz des Vorrunden-Aus' an der EURO 08 durfte Domenech die «Equipe Tricolore» an die WM 2010 führen, was ihm mit Ach und Krach gelang.

WM 2010

TEAMS

Der Verband

Französischer Fussballverband
Gegründet: 1919
FIFA-Weltrangliste: 7.
Anzahl Vereine: 20 062
Anzahl aktive Fussballer: 1 794 940
Rekordspieler: Lilian Thuram (142 Einsätze)
Rekordtorschütze: Thierry Henry (51 Tore)
Rekordmeister: AS Saint-Etienne
Grösste WM-Erfolge: Weltmeister 1998
Top-Torschütze in der WM-Qualifikation:
André-Pierre Gignac, Thierry Henry (je 4 Tore)

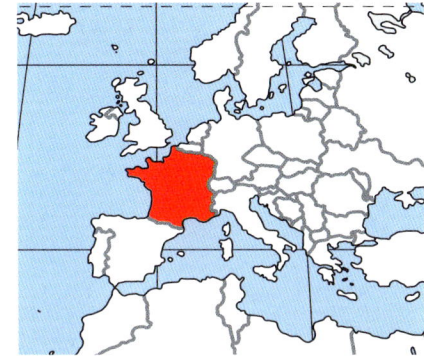

tapferen Iren. Der Aufschrei in Irland und der ganzen Welt war gross, selbst der Übeltäter, Henry, sprach sich für ein Wiederholungsspiel aus.

Durch die ganze Dikussion um Henrys Handspiel ging beinahe unter, dass die «Equipe Tricolore», wie so oft in der WM-Qualifikation, eine ziemlich dürftige Vorstellung bot. Die Qualifikation der «Bleus» war ein Krampf. Nichts scheint mehr übrig von der Leichtigkeit und Spielfreude, die die «Blauen» neben dem WM-Titel 1998 und dem EM-Gewinn 2000 auch ins Final der WM 2006 führte. Dabei zeigte sich, wie wertvoll Franck Ribéry für das Team von Coach Raymond Domenech ist. Der Star des FC Bayern München kam verletzungsbedingt nur auf 341 von möglichen 1080 Spielminuten in der WM-Qualifikation. Ähnlich wie in München, wo es ohne den Ideengeber auch nicht rund lief, scheint auch die «Equipe Tricolore» abhängig zu sein von ihrem quirligen Mittelfeldmotor.

Trainer ohne Rückhalt

In der französischen Öffentlichkeit war der Schuldige für die Misere schnell ausgemacht. Nach Meinung vieler Franzosen schleppt die Fédération Française de Football (FFF) ihren Coach Domenech schon viel zu lange mit sich herum. Und als ob er nicht schon genügend Druck von den Medien hätte, geriet Domenech auch Team-intern in die Kritik. Die Zeitung «Le Parisien» veröffentlichte ein Zitat von Nationalstürmer Thierry Henry, der den Coach blossgestellt haben soll: «Trainer, wir müssen Ihnen etwas sagen. Ich spreche im Namen der Mannschaft. Wir langweilen uns während der Trainingseinheiten. In zwölf Jahren im Nationalteam habe ich so eine Situation noch nicht erlebt.» Rumms! Eine heftige Ohrfeige für den Trainer. Henry dementierte das Zitat zwar, doch scheint absehbar, dass die WM 2010 das letzte Turnier als Trainer für Domenech sein wird. Wenngleich man an der EURO 08 schon dasselbe dachte. ∎

Der Star

«Scarface» oder «Franckenstein» wird er genannt. Und kommt mittlerweile sehr gut klar damit. Im Alter von zwei Jahren wurde Franck Ribéry bei einem schweren Autounfall durch die Windschutzscheibe geschleudert. Seitdem trägt er die markante Narbe im Gesicht, die ihm in sei-

Franck Ribéry streichelt die Kugel.

ner Kindheit und Jugend zahlreiche Hänseleien einbrachte. Doch Ribéry, die Kämpfernatur, setzte sich durch. Mit 13 Jahren jonglierte er den Ball über 400 Mal, zauberte sich ins Ausbildungszentrum von Lille. Beim FC Metz wählte man ihn im August 2004 zum «Spieler des Monats». Ein Jahr später zauberte er am Bosporus, führte Galatasaray Istanbul ins türkische Pokal-Endspiel. Unter Jean Fernandez, seinem ehemaligen Trainer beim FC Metz, schaffte er dann bei Olympique Marseille den Sprung in die Nationalmannschaft, wo er die Fans mit seinen Tempodribblings verwöhnt und – ähnlich wie bei Bayern München – unverzichtbar geworden ist.

Die Wunsch-Elf

TEAMS
Argentinien
Gruppe B

ARGENTINIEN – NIGERIA	SA, 12.06.10	16.00	ELLIS PARK (JOH.)
ARGENTINIEN – SÜDKOREA	DO, 17.06.10	13.30	SOCCER CITY (JOH.)
GRIECHENL. – ARGENTINIEN	DI, 22.06.10	20.30	POLOKWANE

Die WM 2010 ist für Bayern Münchens Martín Gastón Demichelis das erste grosse Turnier mit dem Nationalteam.

Der Trainer

Trotz zeitweiligen Drogenkonsums, Magenverkleinerung und verbalen Ausrastern wird Diego Maradona (49) von seinen Fans vergöttert. In Argentinien gibt es für den einstigen Superstar sogar eine Kirche, die «Iglesia Maradoniana».
Den Missetaten des Argentinien-Trainers stehen einzigartige Erfolge gegenüber: sechs Mal Südamerikas Fussballer des Jahres, bester Spieler der WM 1986 und bester Fussballer des vergangenen Jahrhunderts – zumindest inoffiziell. Zwar hatte Maradona bei der Online-Umfrage der FIFA die Nase vorn. Wegen seiner schlechten Vorbildfunktion wurde diese Ehrung aber schlussendlich dem Brasilianer Pelé zuteil. Einen Titel kann der «Gaucho» aber für sich alleine beanspruchen: Keiner ist in seinem Leben in so viele Fettnäpfchen getreten, hat so viele Skandale verursacht wie Diego Armando Maradona.

Seit Oktober 2008 ist Diego Armando Maradona Coach der «Gauchos».

Der Star

Lionel Messi ist bei den «Gauchos» Maradonas Nachfolger als Träger der legendären Nummer 10. Eigentlich wollte der Verband die Rückennummer 10 lange Zeit nicht mehr vergeben. 2002 sollte sie zu Maradonas Ehren gar geschützt werden, was die FIFA aber ablehnte. Genau zu dieser Zeit figurierte in Barcelonas Nachwuchs einer, der im Begriff war, zu einem Weltstar heranzuwachsen – und dies im wahrsten Sinne des Wortes. Denn Messi war mit 13 Jahren lediglich 140 Zentimeter klein und befand sich in einer Hormonbehandlung, während der er noch rund 20 Prozent seiner Körpergrösse zulegen konnte. Nun, sieben Jahre später, mischt der kleine Wirbelwind

TEAMS

Am Desaster vorbeigeschrammt

Als letztes Team der Südamerika-Gruppe qualifizierte sich Argentinien direkt für die WM. Die Reaktion von Diego Maradona zeigt, wie angespannt die Lage war.

Der Verband

Argentinischer Fussballverband
Gegründet: 1893
FIFA-Weltrangliste: 6.
Anzahl Vereine: 1806
Anzahl aktive Fussballer: 331 811
Rekordspieler: Javier Zanetti (136 Spiele)
Rekordtorschütze: Gabriel Batistuta (56 Tore)
Rekordmeister: CA River Plate
Grösste WM-Erfolge: Weltmeister 1978, 1986
Top-Torschütze in der WM-Qualifikation: Juan Riquelme, Lionel Messi, Sergio Agüero (je 4 Tore)

Im WM-Qualifikationsspiel zwischen Uruguay und Argentinien läuft bereits die 84. Minute, als Lionel Messi von der rechten Seite einen Freistoss tritt. Seinen Querpass bringt Juan Verón vor das gegnerische Tor, wo Mario Bolatti zum erlösenden 1:0 trifft. Von den 50 000 Zuschauern in Montevideo jubeln nun nur noch die Argentinier, allen voran der ehemalige Superstar Diego Maradona, der Trainer der «Gauchos». Denn Bolattis Treffer bedeutet die direkte WM-Qualifikation, während Uruguay in die Barrage muss. Argentinien, das seit 40 Jahren keine Endrunde mehr verpasst hatte, zieht im letzten Moment den Kopf aus der Schlinge. Das war knapp!

Dass die «Albicelestes» bis zum letzten Spieltag zittern mussten, lag an der fehlenden Konstanz über die gesamte Qualifikation. Drei Zu-null-Erfolgen zum Auftakt folgte eine Serie von fünf Spielen ohne Sieg. Und nur vier Tage nach dem höchsten Triumph (4:0 gegen Venezuela) unterlagen die «Gauchos» dem Zweitletzten Bolivien mit 1:6. Es ist dies die höchste Niederlage einer argentinischen Auswahl seit 1958, als die Tschechoslowakei an der WM in Schweden mit demselben Resultat gewann.

Obszöner Maradona

Auch wenn es diesmal eng wurde, so ist eine WM-Endrunde ohne Argentinien dennoch kaum vorstellbar. Schliesslich ist das Turnier in Südafrika für den Weltmeister von 1978 und 1986 bereits die zehnte Teilnahme in Folge. Und trotzdem: Wie angespannt die Lage bei den «Gauchos» war, liess sich am Beispiel von Maradona erahnen. Nach dem 1:0-Erfolg über Uruguay deckte er die Journalisten an der anschliessenden Medienkonferenz mit obszönen Schimpftiraden ein. Das Verdikt der FIFA: zwei Monate Sperre und eine Geldbusse von 25 000 Franken.

Lionel Messi vom FC Barcelona: Maradonas Nachfolger.

die Primera División auf und trägt im Nationalteam die Nummer 10. Diese Ehre scheint ihn aber eher zu hemmen als zu beflügeln. So traf der argentinische Superstar in 18 Spielen der WM-Qualifikation nur vier Mal.
Wenn der UEFA-Spieler des Jahres 2009 seine Hemmungen in der Nationalmannschaft bis zum Sommer aber ablegen kann, dann ist Argentinien in Südafrika zu allem fähig.

Die Wunsch-Elf

WM 2010

TEAMS
Nigeria

Gruppe B

ARGENTINIEN – NIGERIA	SA, 12.06.10	16.00	ELLIS PARK (JOH.)
GRIECHENLAND – NIGERIA	DO, 17.06.10	16.00	BLOEMFONTEIN
NIGERIA – SÜDKOREA	DI, 22.06.10	20.30	DURBAN

Nigerias «Adler» jubeln nach einem Tor gegen Ghana.

Flieg, Adler, flieg!

Nigeria hätte eigentlich andere Probleme, als Fussball zu gucken. Das erfolgreiche Abschneiden an der WM ist für den bevölkerungsreichsten Staat Afrikas trotzdem enorm wichtig.

Egal, was in Südafrika passiert: Nigeria steht ein Jahr der Feierlichkeiten bevor. Vor genau einem halben Jahrhundert erlangte der Staat in Westafrika die Unabhängigkeit von den britischen Kolonialherren. Eine Unabhängigkeit allerdings, die nach wie vor auf wackeligen Beinen steht. Die Demokratie ist mehr theoretisches Wunschdenken als Realität. Nach Jahren der Militärdiktatur ist das Wirtschafssystem von Korruption durchlöchert. Folge: Selbst reiche Erdölvorkommen können der Armut in der von religiösen Konflikten zerrütteten Gesellschaft nicht beikommen.

Höhenflug der «Super Eagles»

Umso wertvoller ist das Einheitsgefühl, das der Erfolg der nigerianischen Nationalmannschaft, den so genannten «Super Eagles», im Volk weckt – sofern sie Erfolg haben. So wie 1996 mit dem Olympia-Gold, 1994 mit dem Afrika-Cup oder 1998 mit dem zweiten Erreichen der WM-Achtelfinals in Serie. An den «Rohstoffen» besteht kaum Mangel, Nigerias Nachwuchs bewegt sich auf Weltklasse-Niveau, bringt in kurzen Abständen internationale Superstars hervor: Taribo West, Jay Jay Okocha, Victor Ikpeba. Und die Fussball-Hochburg Lagos allein zählte in den 70ern mehr Fussballvereine als ganz Ostafrika zusammen.

Neben Topstar John Obi Mikel vom FC Chelsea wartet mit Obafemi Martins vom VfL Wolfsburg ein weiteres bekanntes Gesicht auf die Fans. Der quirlige Stürmer schoss in 34 Spielen für Nigeria bereits 17 Tore.

Knackpunkt beim Unternehmen WM ist die unstabile, trügerische Harmonie im Fussballverband und in der Mannschaft. Doch gelingt es den «Super Eagles», das Gleichgewicht zu halten, können sie in Südafrika zum Höhenflug ansetzen.

TEAMS

Der Verband

Nigerianischer Fussballverband
Gegründet: 1945
FIFA-Weltrangliste: 22.
Anzahl Vereine: 52
Registrierte Fussballer: 58 710
Rekordspieler: Jay-Jay Okocha (73 Sp.)
Rekordtorschütze: Rashidi Yekini (37 Tore)
Rekordmeister: Enugu Rangers, Enyimba FC, Shooting Stars, Heartland FC
Grösste WM-Erfolge: WM-Achtelfinal 1994, 1998
Top-Torschütze in der WM-Qualifikation: Ikechukwu Uche, Victor Obinna (je 4 Tore)

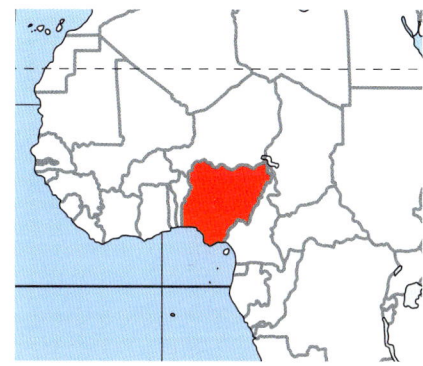

Der Star

Bis er sich im Haifischbecken von Chelsea durchbeissen konnte, musste Nigerias Zukunftshoffnung John Obi Mikel einen Umweg über Oslo nehmen. Gelohnt hat es sich.
Als Gebrauchsanleitung für den mustergültigen Aufbau eines afrikanischen Talents könnte der Werdegang des 22-Jährigen herhalten. Aus der nigerianischen «Pepsi Football Academy» vermittelte ihn der FC Chelsea im Herbst 2004 nach Norwegen. Zwei Angewöhnungs-Jahren im hohen Norden bei Lyn Oslo folgte der Wechsel zum Londoner Nobelklub, wo er sich bald in der Stammelf behaupten konnte. Einziger Klecks im Reinheft des fussballerischen Rohdiamants: der juristische Streit um die Transferrechte an Mikel zwischen Oslo, Manchester United und Chelsea, bei dem letzteres schliesslich ein 23,6 Millionen Euro teures Veto einlegte und den Nigerianer endgültig in sein Star-Ensemble berief. Vom Bürokrieg der Spielervermittler liess sich der 22-jährige Mittelfeld-Tank selbst kaum beein-

John Obi Mikel

drucken, 2006 führte er Nigerias A-Team, für das er mit 17 das erste Mal auflief, zur Bronzemedaille an der Afrika-Meisterschaft. Ein Jahr zuvor war er mit der U20-Auswahl sogar bis in den WM-Final gegen Argentinien vorgedrungen – und hatte sich als zweitbester Spieler des Turniers hinter Lionel Messi auszeichnen lassen.

Die Wunsch-Elf

Peter Odemwingie – Lokomotiv Moskau
Aiyegbeni Yakubu – FC Everton
Obafemi Martins – VfL Wolfsburg
Femi – FC Groningen
John Obi Mikel – Juventus Turin
Seyi Olofinjana – Hull City
Taye Taiwo – Olympique Marseille
Onyekachi Apam – OGC Nizza
Dele Adeleye – Sparta Rotterdam
Joseph Yobo – FC Everton
Vincent Enyeama – Hapoel Tel Aviv

Der Trainer

Shaibu Amodu

Das ganze Kader Nigerias hat schon Erfahrungen in einer europäischen Top-Liga gesammelt. Das ganze Kader? Nicht ganz.
Die grosse Ausnahme diesbezüglich sitzt ausgerechnet auf dem Trainerstuhl, ist 51 Jahre alt und heisst Shaibu Amodu. Nie gehört? Keine Sorge, das dürfte den meisten Sportfans ausserhalb Nigerias ähnlich gehen. Obwohl Amodu die «Adler» vor acht Jahren schon einmal für ein paar Monate trainierte, blieben international eher seine prominenten Vorgänger in Erinnerung, etwa der Deutsche Berti Vogts. Immerhin: In Südafrika ist Shaibu Amodu ein Begriff. Sein einziges Ausland-Engagement trat er 1996 an, bei den Orlando Pirates aus Johannesburg.

WM 2010

TEAMS

Südkorea

Gruppe B

SÜDKOREA – GRIECHENLAND	SA, 12.06.10	13.30	NELSON MANDELA BAY
ARGENTINIEN – SÜDKOREA	DO, 17.06.10	13.30	SOCCER CITY (JOH.)
NIGERIA – SÜDKOREA	DI, 22.06.10	20.30	DURBAN

Die Serie der «Kreis-Krieger»

Südkorea qualifiziert sich zum siebten Mal in Folge für eine WM-Endrunde. Und hofft auf einen Exploit wie am Heimturnier vor acht Jahren.

Der Star

Spätestens seit seinem Wechsel zu Manchester United im Sommer 2005 hat Ji-Sung Park seine Kritiker zum Schweigen gebracht. Jene Kritiker, die mit Kopfschütteln darauf reagierten, als der damals 18-Jährige nach dem Schulabschluss einen Profivertrag beim japanischen Zweitligisten Kyoto unterschrieb. Park war damit der erste Koreaner überhaupt, der ohne Erfahrung aus der heimischen Top-Liga nach Japan wechselte – ein Pionier, und ein mutiger noch dazu. Doch das Risiko zahlte sich aus: Bereits in der ersten Saison schaffte Kyoto den Aufstieg und wurde Cup-Sieger. Nach der erfolgreichen Heim-WM 2002 folgte er ein Jahr später seinem ehemaligen Nationaltrainer Guus Hiddink zum PSV Eindhoven. Obwohl es für Park zunächst nicht nach Wunsch lief, konnte er sich in der Eredivisie durchsetzen. Nach seinem Wechsel zu ManU war Park von Beginn an Stammspieler der «Red Devils» und beschäftigt seither die gegnerischen Abwehrreihen mit unermüdlichem Einsatz.

Ji-Sung Park

Seit nunmehr 27 Jahren und dem Turnier in Spanien 1982 hat Südkorea keine WM-Endrunde mehr verpasst. Eine beeindruckende Bilanz. Ebenso verlief für die Mannschaft von Jung-moo Huh die Qualifikationsphase für Südafrika 2010. In insgesamt acht Partien blieben die Südkoreaner gegen Teams wie das ebenfalls qualifizierte Nordkorea, Saudi-Arabien oder den Iran ohne Niederlage und mussten lediglich vier Gegentore hinnehmen. Dass die Koreaner aus dem Süden im Süden Afrikas dabei sind, war bereits nach dem drittletzten Spieltag Tatsache. So genügten den «Taegeuk Warriors» («Taegeuk» bedeutet «Kreis» und ist eine Anspielung auf den rot-blauen Kreis in der Mitte der Nationalflagge) in den verbleibenden zwei Partien jeweils ein Unentschieden, um die Asien-Gruppe 2 als souveräner Leader abzuschliessen.

In Europa erfolgreich

Im Kader der Südkoreaner figurieren insgesamt sechs Akteure, die ihr Geld in Europa verdienen. Davon spielen drei in England (Won-hee Cho/Wigan Athletic, Ji-sung Park/Manchester United, Ki-hyeon Seol/FC Fulham) sowie je einer in Frankreich (Chu-young Park/AS Monaco) und Russland (Dong-jin Kim/Zenit St. Petersburg). Der Captain ist indes einer, der sich in Europa nie durchsetzen konnte. Nam-il Kim versuchte sich 2002 in den Niederlanden bei Excelsior Rotterdam, brach das Unterfangen aber nach einer Saison wieder ab. Nun spielt der 32-Jährige in der japanischen J-League bei Vissel Kobe.
Von den sieben bisher bestrittenen WM-Endrunden schied Südkorea sechsmal bereits in der Vorrunde aus. Die Ausnahme bildete 2002 die Heim-WM, als die Mannschaft unter der Leitung des Holländers Guus Hiddink Italien und Spanien aus dem Turnier warf und sensationell Vierte wurde. Ein solcher Exploit wird auch in Südafrika angestrebt.

TEAMS

Schweiz – Südkorea an der WM 2006.

Der Verband

Südkoreanischer Fussballverband
Gegründet: 1933
FIFA-Weltrangliste: 52.
Anzahl Vereine: 100
Registrierte Fussballer: 31 127
Rekordspieler: Myung-Bo Hong (136 Einsätze)
Rekordtorschütze: Bum-kun Cha (55 Tore)
Rekordmeister: Seongnam Ilhwa Chunma
Grösste WM-Erfolge: WM-Vierter 2002
Top-Torschütze in der WM-Qualifikation: Ji-sung Park (5 Tore)

Der Trainer

Jung-moo Huh

Als Jung-moo Huh im Dezember 2007 südkoreanischer Nationaltrainer wurde, hatte er zwei Ziele: Das eine hat er mit der Qualifikation für die WM 2010 erreicht. Für das andere arbeiten er und sein Team derzeit unter Hochdruck: In Südafrika sollen die Südkoreaner besser abschneiden als 2006 in Deutschland, als die Asiaten hinter der Schweiz und Frankreich als Vorrunden-Dritte ausschieden. In Mexiko sammelte der 54-Jährige 1986 als Mittelfeldspieler Südkoreas WM-Erfahrung. Damals schied Huh, der in den 80er Jahren für den PSV Eindhoven kickte, mit seinem Team ebenfalls sang- und klanglos aus.

Die Wunsch-Elf

WM 2010

TEAMS
Griechenland

Gruppe B

SÜDKOREA – GRIECHENLAND	SA, 12.06.10	13.30	NELSON MANDELA BAY
GRIECHENLAND – NIGERIA	DO, 17.06.10	16.00	BLOEMFONTEIN
GRIECHENL. – ARGENTINIEN	DI, 22.06.10	20.30	POLOKWANE

Und täglich grüsst die Mauertaktik

Erst zum zweiten Mal nach 1994 qualifizierten sich die Hellenen für eine WM. Coach Otto Rehhagel baut weiterhin auf Defensive und altbewährtes Personal.

Griechenland stolperte in der WM-Quali über die Schweiz.

Die Spiele Griechenlands an der EURO 08 waren traurig anzuschauen. Die Hellenen stellten sich nur hinten an, liessen ihre Gegner kommen und warteten auf Konter und Standardsituationen. Was an der EURO 04 noch hervorragend klappte und am Ende mit dem Titel belohnt wurde, führte 2008 zum Debakel. Jedes andere Land hätte sich nach dem blamablen Vorrunden-Aus wohl von seinem Coach getrennt. Nicht so Griechenland. Denn noch immer zehrt deren Trainer Otto Rehhagel vom grandiosen EM-Exploit 2004.

«König Ottos» erste WM

In seinem 100. Spiel als Trainer der Griechen machte Rehhagel seine erste WM-Teilnahme perfekt. In den Play-offs gegen die Ukraine setzte «Rehhakles» auf die bewährte Mauertaktik mit einer Fünfer-Abwehrreihe und einer Sturmspitze. Das Hinspiel in Griechenland endete mit einem enttäuschenden 0:0, die Tage Rehhagels als Hellenen-Coach schienen gezählt. Doch den Härtetest in Donezk überstanden die Griechen. Dimitrios Salpingidis von Panathinaikos Athen bescherte seinem Team das goldene Tor zum 1:0 und damit die zweite WM-Teilnahme nach 1994. An der WM 2010 wollen es die Hellenen nun besser machen als damals in den USA, als sie nach drei Niederlagen und 0:10 Toren frühzeitig ausschieden. Rehhagel wird wohl auch in Südafrika wieder auf altbewährtes Spielermaterial zurückgreifen. Die Stützen des Teams haben sich seit dem EM-Titel 2004 nicht grossartig verändert. Sotirios Kyrgiakos vom FC Liverpool, Captain Giorgios Karagounis von Panathinaikos Athen und Leverkusen-Stürmer Theofanis Gekas werden auch 2010 zum Stamm des Teams gehören.

Für die neutralen Zuschauer werden Griechenland-Spiele wohl auch 2010 keine Leckerbissen sein. Wie Italien den «Catenaccio» und England sein «Kick and Rush», so hat Griechenland eben Ottos Mauertaktik.

TEAMS

Der Verband

Griechischer Fussballverband
Gegründet: 1926
FIFA-Weltrangliste: 12.
Anzahl Vereine: 5768
Registrierte Fussballer: 359 221
Rekordspieler: Theodoros Zagorakis (120 Einsätze)
Rekordtorschütze: Nikolaos Anastopoulos (29 Tore)
Rekordmeister: Olympiakos Piräus
Grösste WM-Erfolge: WM-Vorrunde 1994
Top-Torschütze in der WM-Qualifikation: Theofanis Gekas (10 Tore)

Der Trainer

Mit dem EM-Sieg 2004 machte sich Otto Rehhagel unsterblich. Sein Rückhalt im griechischen Fussballverband ist seit dem Exploit grenzenlos und schützt ihn vor zahlreichen Kritikern, die nach der verpassten WM-Qualifikation 2006 und dem Vorrunden-Aus an der EURO 08 seine Ablösung forderten. Durch die erfolgreiche Qualifikation für die WM 2010 strafte «Rehhakles» seine Kritiker erneut Lügen und bescherte sich seine erste Teilnahme an einer Weltmeisterschaft.

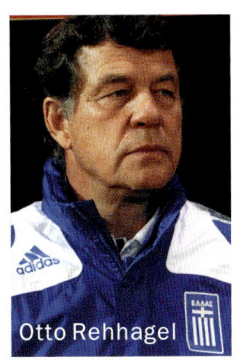

Mit 72 Jahren wird «König Otto» in Südafrika der Älteste aller Nationaltrainer sein. Zu alt fühlt sich der Erfolgscoach aber noch lange nicht, wie Rehhagel gewohnt philosophisch erklärt: «Schon Kant hat gesagt: Der Sinn des Lebens ist Arbeit.» Zudem sei Konrad Adenauer erst im Alter von 72 Jahren deutscher Bundeskanzler geworden. Rehhagels Vertrag endet nach der WM 2010. Der Meistertrainer von Werder Bremen und des 1. FC Kaiserslautern will dem Fussball aber darüber hinaus erhalten bleiben.

Der Star

In seinem Verein bei Bayer Leverkusen ist Theofanis Gekas nur Ersatz. Nach dem Ausfall von Stamm-Stürmer Patrick Helmes machte sich der Grieche zwar Hoffnungen auf einen Platz im Sturm, doch Bayer-Coach Jupp Heynckes gab Eren Derdiyok den Vorzug. In Leverkusen scheint der kleine Grieche nicht mehr richtig glücklich zu werden.
In der Nationalmannschaft läuft es hingegen rund für den 29-jährigen Stürmer. Mit zehn Toren aus neun Spielen ist Gekas der beste Torschütze der gesamten europäischen WM-Qualifikation. «Das griechische Sytem ist stark auf mich zugeschnitten», erklärt er die Unterschiede zwischen Klub und Nationalmannschaft. «Das kommt mir zugute – genauso wie die Qualität meiner Mitspieler, die mich wunderbar einsetzen.»

Weiterhin hat der Erfolg Griechenlands nach Ansicht Gekas' viel mit der Nationalität des Trainers zu tun: «Rehhagel vermittelt in seiner Arbeit eine rein deutsche Mentalität. Er versucht, deutsche Tugenden wie Disziplin und Ernsthaftigkeit in unserem Spiel zu manifestieren.»
Seinen Durchbruch erlebte der «Blitz vom Olymp» durch seinen Wechsel zu Panathinaikos Athen im Januar 2005. Später gewann er für den VfL Bochum 2006/07 die Torjägerkanone der deutschen Bundesliga.

Theofanis Gekas

Die Wunsch-Elf

Dimitrios Salpingidis – Panathinaikos Athen
Theofanis Gekas – Bayer Leverkusen

David Trezeguet – Juventus Turin
Georgios Karagounis – Panathinaikos Athen

Konstantinos Katsouranis – Panathinaikos Athen
Loukas Vyntra – Panathinaikos Athen

Nikolaos Spiropoulos – Panathinaikos Athen
Sokratis Papstathopoulos – FC Genua

Sotirios Kyrgiakos – FC Liverpool
Evangelos Moras – FC Bologna

Alexandros Tzorvas – Panathinaikos Athen

WM 2010

TEAMS

England

Gruppe C

ENGLAND – USA	SA, 12.06.10	20.30	RUSTENBURG
ENGLAND – ALGERIEN	FR, 18.06.10	20.30	KAPSTADT
SLOWENIEN – ENGLAND	MI, 23.06.10	16.00	NELSON MANDELA BAY

Mit Capello zu neuem Ruhm

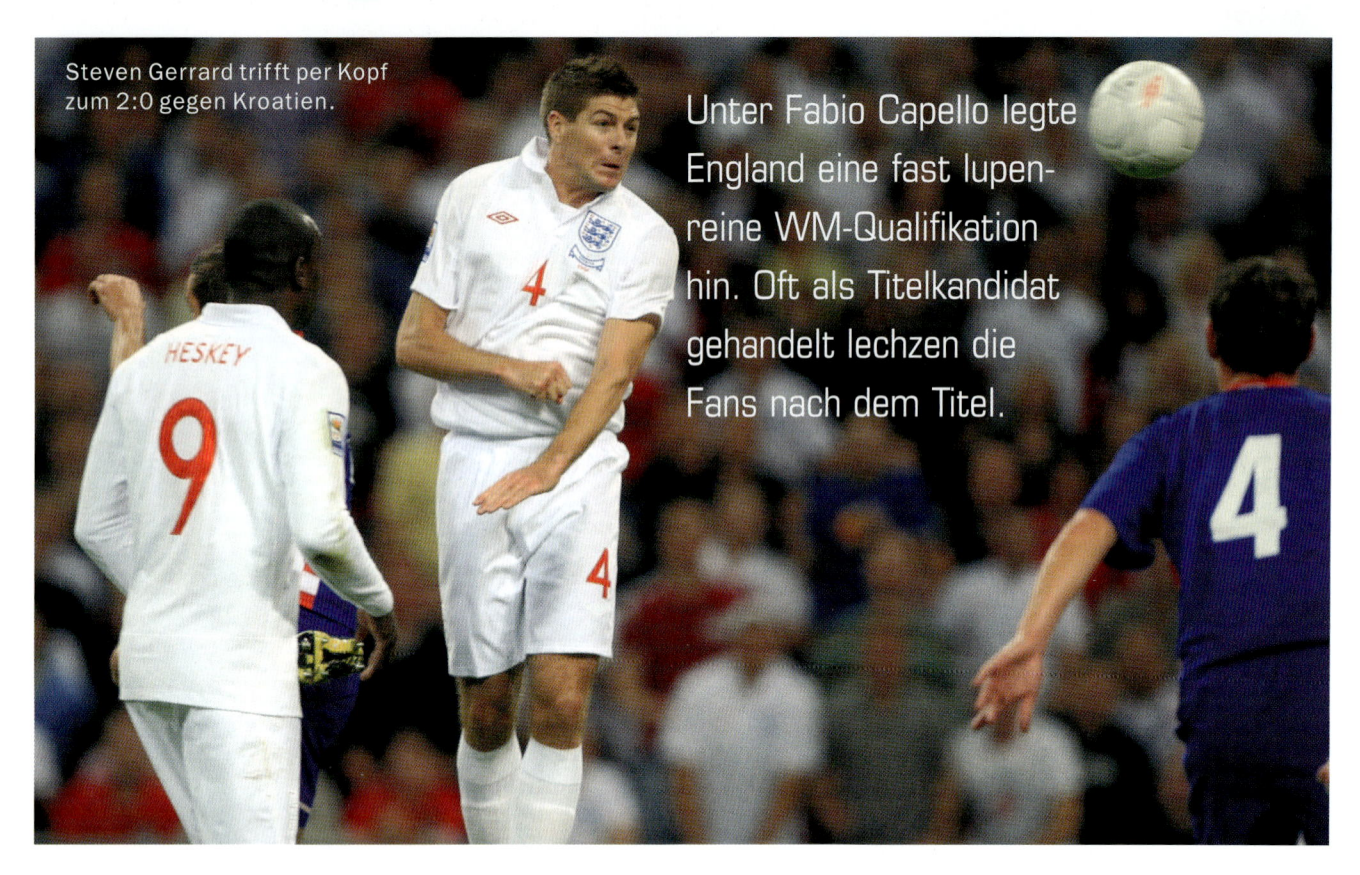

Steven Gerrard trifft per Kopf zum 2:0 gegen Kroatien.

Unter Fabio Capello legte England eine fast lupenreine WM-Qualifikation hin. Oft als Titelkandidat gehandelt lechzen die Fans nach dem Titel.

Der Star

Wayne Rooney ist gerade mal 24 Jahre alt. Doch irgendwie hat man das Gefühl, Englands Instinkt-Fussballer par excellence steht – nein: rennt – schon seit Ewigkeiten auf dem Platz herum. Der Eindruck täuscht auch nicht ganz. Bereits mit 16 Jahren erzielte er in der Premier League sein erstes Tor, zwei Jahre später wechselte er für knapp 40 Millionen Euro – Weltrekord für einen Teenager – vom FC Everton zu Manchester United, wo er sich zum Weltklassekicker entwickelte und zuletzt drei Meisterschaften sowie die Champions League gewann.

Viele Torjäger sagen, ihr Berufsgeheimnis läge darin, vor dem Tor einfach nicht nachzudenken. Besser als Rooney scheint das keiner hinzubekommen. Nichts scheint ihn auf dem Platz zu belasten, in entscheidenden Momenten verwandelt er sich in geballte Energie, die sich den direkten Weg ins Tor bahnt. «Er fliegt wie eine Abrissbirne durch die gegnerischen Abwehrreihen», staunte einst der «Daily Telegraph».

Wenn es nach Ferguson geht, wird Rooney bis zum Ende seiner Karriere im Old Trafford, dem Theater der Träume, den Helden spielen. Vorher stehen aber noch andere grosse Aufgaben an. England betet, dass Rooney sich vor der WM 2010 nicht schon wieder verletzt wie vor der WM 2006. Die «Abrissbirne» soll in Südafrika in Top-Form antreten.

Wayne Rooney

WM 2010

TEAMS

Der Verband

Englischer Fussballverband
Gegründet: 1863
FIFA-Weltrangliste: 9.
Anzahl Vereine: 42 490
Registrierte Fussballer: 1 485 910
Rekordspieler: Peter Shilton (125 Einsätze)
Rekordtorschütze: Bobby Charlton (49 Tore)
Rekordmeister: ManU/FC Liverpool
Grösste WM-Erfolge: Weltmeister 1966
Top-Torschütze in der WM-Qualifikation: Wayne Rooney (9 Tore)

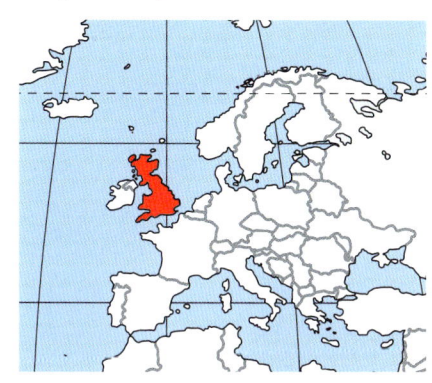

Der Trainer

Es scheint im Trend zu liegen, dass Trainer, die auf Klub-Ebene fast alles gewonnen haben, sich zum Ende ihrer Karriere nochmal den Traum einer WM erfüllen. Wie Ottmar Hitzfeld hat auch Fabio Capello als Coach die Champions League, diverse nationale Meisterschaften und Cup-Siege geholt. Der 63-jährige Italiener, der schon 1974 als Spieler an der WM dabei war, will nun England zum WM-Erfolg führen.

«Nach dem ersten Spiel gegen die Schweiz habe ich verstanden, was das Problem der Mannschaft war», sagte Capello nach seinem Einstand als England-Coach. «Das Problem war Wembley. Das Problem war fehlendes Selbstvertrauen. Das Problem war die Gruppe.» Wenn ein Team mit so vielen Problemen so locker durch die WM-Qualifikation marschiert, muss der Trainer einiges richtig gemacht haben.

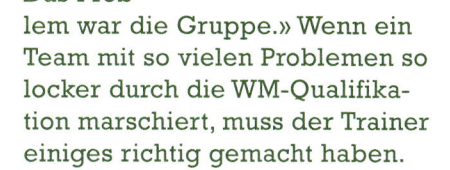

Vor zwei Jahren erlebte England ein Fussball-Trauma. Nachdem die «Three Lions» unter ihrem damaligen Coach Steve McClaren von einem Misserfolg zum nächsten stolperten, glaubte man im heimischen Wembley-Stadion gegen Kroatien die Qualifikation für die EURO 08 perfekt machen zu können. Es sollte nicht sein. Mladen Petric zerstörte mit seinem Treffer zum 3:2 für Kroatien die englischen EM-Träume.

Nur vier Tage nach der Schmach von Wembley landeten England und Kroatien in der gleichen Qualifikationsgruppe für die WM 2010. Und während viele englische Fans die Hände über dem Kopf zusammenschlugen, krempelte Englands neuer Coach Fabio Capello die Ärmel hoch.

Wembley-Fluch besiegt

Schon am zweiten Spieltag der WM-Qualifikation musste die Capello-Elf auswärts in Zagreb gegen Kroatien antreten. Was folgte, war ein eindrucksvoller 4:1-Erfolg für die «Tommies» und das Glanzstück des jungen Theo Walcott, der in Zagreb einen Hattrick erzielte.

Mit ihrem Kantersieg in Zagreb stellten die Insel-Kicker eindrucksvoll unter Beweis, wohin die Reise führen sollte, nämlich auf möglichst direktem Weg nach Südafrika. Es folgte eine fast lupenreine Sieges-Serie. Die ersten acht Qualifikationsspiele gewannen die Engländer. Dabei schien sogar der Fluch des neuen Wembley-Stadions besiegt, den Capello bei Amtsantritt noch als handfestes Problem ausmachte. Das Rückspiel gegen Kroatien gewann England in London gar mit 5:1. Die WM-Qualifikation war geschafft.

Neun Siege in zehn Pflichtspielen stehen für Capello nun zu Buche. Das fast makellose Auftreten seines Teams weckt auf der Insel grosse Hoffnungen. Seit dem Halbfinal-Einzug an der WM 1990 ist England an Weltmeisterschaften nicht mehr viel gelungen. Um nicht erneut zu enttäuschen, muss Capello vor der WM noch wichtige Entscheidungen treffen. Unter anderem wird er sich zwischen David James (FC Portsmouth), Robert Green (West Ham) und Ben Foster (ManU) für einen Stamm-Goalie entscheiden müssen. Und auch mit der Entscheidung über die künftige Rolle David Beckhams im Nationalteam wird Capello so oder so für Furore sorgen.

Die Wunsch-Elf

- **Wayne Rooney** – Manchester United
- **Theo Walcott** – Arsenal London
- **Steven Gerrard** – FC Liverpool
- **Aaron Lennon** – Tottenham Hotspur
- **Gareth Barry** – Manchester City
- **Frank Lampard** – FC Chelsea
- **Ashley Cole** – FC Chelsea
- **Glen Johnson** – FC Liverpool
- **John Terry** – FC Chelsea
- **Rio Ferdinand** – Manchester United
- **Robert Green** – West Ham United

TEAMS **USA**

Gruppe C

ENGLAND – USA	SA, 12.06.10	20.30	RUSTENBURG
SLOWENIEN – USA	FR, 18.06.10	16.00	ELLIS PARK (JOH.)
USA – ALGERIEN	MI, 23.06.10	16.00	PRETORIA

Der Star

Zwei Versuche hat Landon Donovan, Captain der US-Boys, bereits unternommen. Den internationalen Durchbruch hat er noch nicht geschafft. An der WM in Südafrika erhält der 27-Jährige noch eine Gelegenheit, sich zu profilieren.

Die amerikanische Fussballnationalmannschaft wird immer besser. Ein erheblicher Anteil an

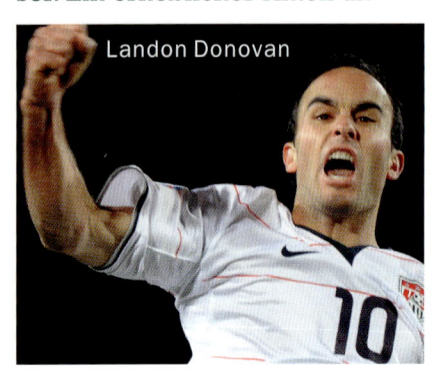

Landon Donovan

dieser Entwicklung gehört den insgesamt elf Europa-Legionären im Team von Bob Bradley. Zu den wichtigsten Stützen gehört aber auch Landon Donovan, der sein Geld in der heimischen Major League Soccer verdient. Mit den Los Angeles Galaxy, bei denen auch David Beckham unter Vertrag steht, wurde Donovan in dieser Saison Vize-Meister.

Auch in der Nationalmannschaft sorgt Donovan für Aufsehen. Mit fünf Toren während der Qualifikation steht er intern an zweiter Stelle hinter Hull City's Jozy Altidore. Den internationalen Durchbruch hat Donovan trotz allem noch nicht geschafft. Sowohl bei Leverkusen als auch bei den Bayern als Wunschspieler von Jürgen Klinsmann konnte sich der Amerikaner nicht durchsetzen. Die WM in Südafrika könnte deshalb Donovans letzte Chance sein, sich international für höhere Aufgaben zu empfehlen.

Die Weltmacht im

Dem Einzug in den Confed-Cup-Final folgte die sechste WM-Qualifikation in Serie. Die US-Boys haben Mexiko als Nummer eins in Zentralamerika verdrängt.

Lange hatte man dem Fussball in den USA keine grosse Beachtung geschenkt. Andere Sportarten wie Baseball, Eishockey oder American Football dominierten das Geschehen und tun dies noch immer. Das Land der unbegrenzten Möglichkeiten war auch das Land mit dem begrenzten Interesse am Soccer. Wozu sollte man sich auch für ein Nationalteam interessieren, das sich zwischen 1950 und 1990 kein einziges Mal für eine WM-Endrunde qualifizieren konnte, während beispielsweise die Leichtathleten an internationalen Anlässen regelmässig an der Spitze des Medaillenspiegels standen?

Dauergast an der WM

In den vergangenen 20 Jahren gelang es Amerikas Fussballern schliesslich, mit kontinuierlich besser wer-

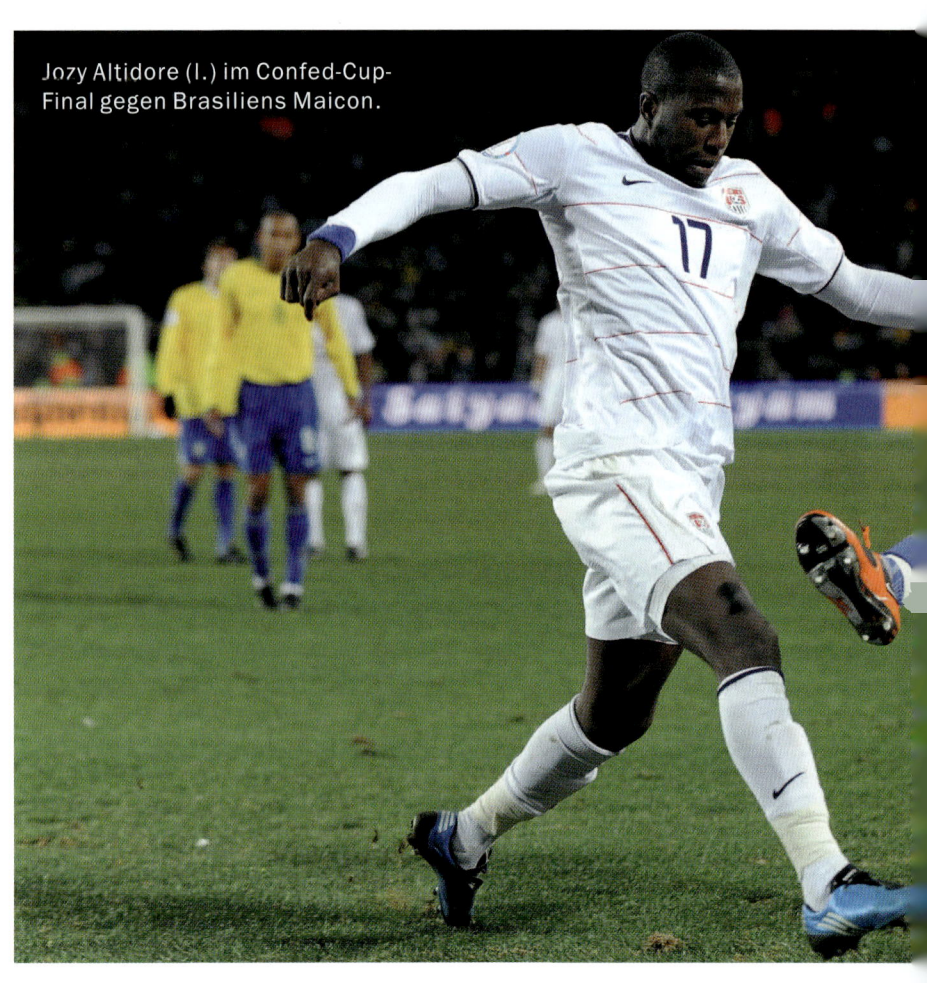

Jozy Altidore (l.) im Confed-Cup-Final gegen Brasiliens Maicon.

WM 2010

TEAMS

Aufwind

denden Leistungen auf sich aufmerksam zu machen. So gewannen die US-Boys 1991, 2002, 2005 und 2007 den CONCACAF-Gold-Cup, der mit der EM vergleichbar ist. Der Finaleinzug am Confederations Cup 2009, an dem die USA den Brasilianern trotz 2:0-Führung noch mit 2:3 unterlagen, brachte schliesslich die Erkenntnis, dass Mexiko seine einstige Vormachtstellung in Zentralamerika eingebüsst hat. Und nach der sechsten WM-Qualifikation in Folge steht das Team von Trainer Bob Bradley in der FIFA-Weltrangliste vor dem Einzug in die Top Ten. Die Weltmacht ist im Aufwind. Für Südafrika 2010 hat sich die USA mit lediglich drei Niederlagen aus 18 Partien qualifiziert. Weil Mexiko am letzten Spieltag in Trinidad und Tobago nur Remis spielte, reichte der USA für den Gruppensieg ein Remis gegen Costa Rica. Honduras zog noch an Costa Rica vorbei, das in der Barrage an Uruguay scheiterte. Apropos Uruguay: Dort erreichte die USA 1930 mit dem Halbfinaleinzug das beste WM-Ergebnis. Bisher.

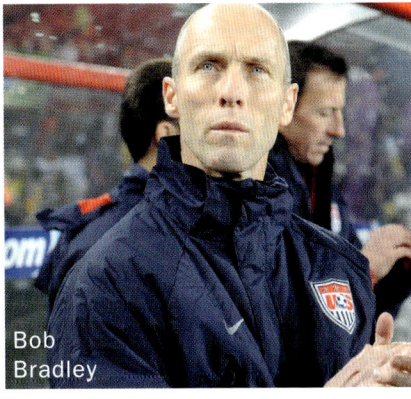

Bob Bradley

Der Trainer

Die WM 2006 war für die USA eine Enttäuschung: Als Gruppenletzte schieden die US-Boys bereits nach der Vorrunde aus. Die Konsequenz war der Rücktritt von Trainer Bruce Arena. An seine Stelle trat nicht etwa ein klingender Name wie Sven-Göran Eriksson, mit dem der Verband ebenfalls Gespräche geführt hatte. Dafür übernahm mit Bob Bradley Arenas bisheriger Assistenztrainer die Aufgabe als US-Nationaltrainer.
Als unauffälliger Analytiker lebt Bradley Attribute, die für die USA untypisch sind. Doch der 51-Jährige, dessen Sohn Michael ebenfalls in der Nationalmannschaft spielt, hat damit Erfolg. Nach dem CONCACAF-Triumph 2007 führt er die US-Boys nun als Gruppensieger nach Südafrika.

Der Verband

US-amerikanischer Fussballverband
Gegründet: 1913
FIFA-Weltrangliste: 14.
Anzahl Vereine: 9000
Registrierte Fussballer: 4 186 778
Rekordspieler: Cobi Jones (164 Einsätze)
Rekordtorschütze: Landon Donovan (42 Tore)
Rekordmeister: D.C. United
Grösste WM-Erfolge: WM-Dritter 1930
Top-Torschütze in der WM-Qualifikation: Jozy Altidore (6 Tore)

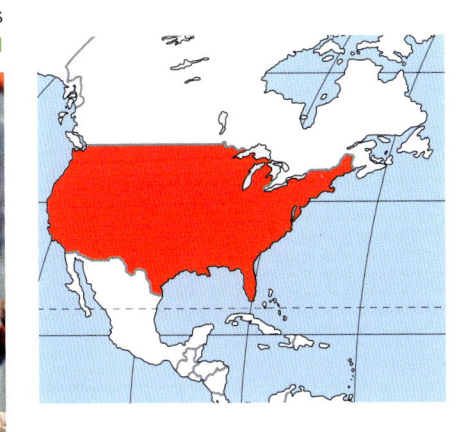

Die Wunsch-Elf

- Charlie Davies – FC Sochaux
- Jozy Altidore – Hull City
- Clint Dempsey – FC Fulham
- Landon Donovan – Los Angeles Galaxy
- Benny Feilhaber – Aarhus GF
- Michael Bradley – Borussia M'gladbach
- Carlos Bocanegra – Stade Rennes
- Jonathan Spector – West Ham United
- Jonathan Rey Bornstein – CD Chivas
- Oguchi Onyewu – AC Mailand
- Tim Howard – FC Everton

WM 2010

TEAMS

Algerien

Gruppe C

ALGERIEN – SLOWENIEN	SO, 13.06.10	13.30	POLOKWANE
ENGLAND – ALGERIEN	FR, 18.06.10	20.30	KAPSTADT
USA – ALGERIEN	MI, 23.06.10	16.00	PRETORIA

Anthar Yahia (Algerien/VfL Bochum) gegen Javier Zanetti (Argentinien/Inter Mailand).

Mannschaft der Leidenschaft

Die sportliche Ausbeute der Nordafrikaner fällt bis jetzt dürftig aus. Am Enthusiasmus mangelt es nicht.

Blut, Rauch, Feuer – Bilder wie aus einem Kriegsgebiet begleiteten das Entscheidungsspiel um die WM-Qualifikation Mitte November zwischen Ägypten und Algerien. Bei der Ankunft in Kairo sahen sich die «Fenneks» mit einer Armada von Hooligans konfrontiert, die den Bus der Nationalspieler mit Stangen und Steinen zu Schrott verarbeiteten. Später belagerten Horden von Fanatikern das Teamhotel. «Wir fürchteten um unser Leben», sagte Bochum-Verteidiger Antar Yahia vor der versammelten Presse – während daheim in Algerien ägyptische Staatsbürger auf offener Strasse spitalreif geprügelt wurden.

Dass genau jener Antar Yahia die Wüstenfüchse vor 35 000 Zuschauern und 15 000 Polizisten mit einem mirakulösen Tor an die WM schoss, verkam fast zur Randnotiz. Dabei schreibt die Mannschaft gerade ein wichtiges Kapitel der nationalen Sportgeschichte. Es ist erst die dritte WM-Reise einer algerischen A-Mannschaft seit der Unabhängig-keit von Frankreich 1962. Und die erste nach langen 24 Jahren. Etwas Zählbares sprang dabei jedoch nie heraus – abgesehen von einem Überraschungssieg gegen Deutschland 1982. Kein Wunder also, spüren die heissblütigen Anhänger der Araber langsam den Hunger nach Erfolg. Lange genug haben sie zugesehen, wie andere die Entscheidungen unter sich ausmachten. Gemäss den Vorgaben des Verbandes sollen die Profis aus dem Erdöl-Mekka in Südafrika die Rolle des Stolpersteins für die Favoriten spielen. Mindestens. Denn die Fans, die wollen mehr – und das Potential dazu wäre vorhanden, die Auswahl ist gespickt mit Ausland-Profis. Und schliesslich wurde ein (Halb-)Algerier schon Welt-, Europa- und mehrfacher Weltfussballer des Jahres. Nur leider mit dem falschen Wappen auf der Brust: der Franzose Zinedine Zidane.

TEAMS

Der Star

Das mit dem Begriff «Heimat» ist im Falle von Karim Ziani eine verzwickte Angelegenheit: Geboren und aufgewachsen ist er in einem Pariser Vorort, das Handwerk des Fussballers lernte er in der Bretagne beim FC Lorient. Den ersten Titel gewann er mit Sochaux (Cup-Sieg 2007), und erste internationale Erfahrungen sammelte er mit Olympique Marseille in der Champions League. In derselben spielt er übrigens diese Saison mit dem VfL Wolfsburg. Beim deutschen Meister ist Ziani seit der Sommerpause ein Teamkollege von Diego Benaglio, der von den Führungsqualitäten des defensiven Mittelfeldspielers schwärmt.
In Länderspielpausen jedoch verabschiedet sich der Publikumsliebling nicht nach Frankreich, sondern an den Rand der Sahara: nach Algerien, dem Land, aus dem seine Eltern vor über drei Dekaden nach Frankreich emigriert sind. Mit zarten 20 Jahren debütierte der Charakterspieler für die «Fenneks». Bereut hat er den Entscheid nie, im Gegenteil. Die WM 2010 soll für Karim Ziani zum Karriere-Highlight werden. Zum vorläufigen.

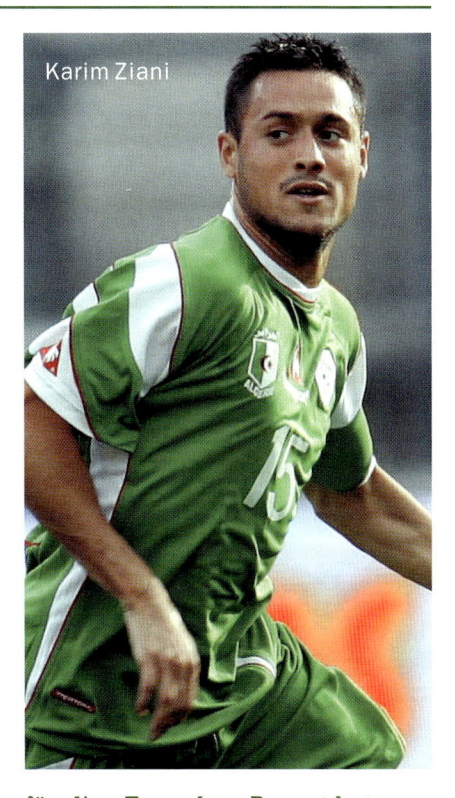

Karim Ziani

Der Verband

Algerischer Fussballverband
Gegründet: 1962
FIFA-Weltrangliste: 28.
Anzahl Vereine: 2090
Registrierte Fussballer: 203 900
Rekordspieler: Mahieddine Meftah (107 Einsätze)
Rekordtorschütze: Rabah Madjer (40)
Rekordmeister: JS Kabylie
Grösste WM-Erfolge: WM-Vorrunde 1982, 1986
Top-Torschütze in der WM-Qualifikation: Antar Yahia, Karim Ziani, Rafik Saifi (je 3)

Der Trainer

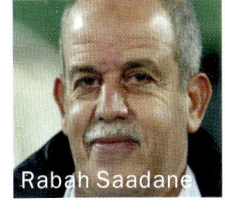

Rabah Saadane

Eine seltsame, langwierige Liebesgeschichte spielt sich ab zwischen Rabah Saadane und «seinem» Nationalteam. Schon während fünf (!) Engagements zupfte der Coach seinen Prachtschnauzer vor der Spielerbank der algerischen Landesauswahl. Er begleitete Algerien bei beiden WM-Teilnahmen: 1982 wurde er vom Trainer in den technischen Stab degradiert, vier Jahre danach war er selbst Headcoach. Nach dem Turnier warf er den Bettel hin, gab das Comeback 1999, ging wieder, kam 2003 zurück, um nur ein Jahr später im Jemen anzuheuern. Und jetzt also Südafrika. Ein Autounfall setzte Saadanes Profikarriere einst ein abruptes Ende – der talentierte Verteidiger musste mit 27 Jahren zurücktreten. Am 3. Mai 2010 feiert er seinen 64. Geburtstag. Und bevor der Leitwolf der Wüstenfüchse in Pension geht, hat er einen Wunsch: Dass ihn seine Spieler für die Erfolge entschädigen, die er selbst verpasst hat.

Die Wunsch-Elf

Rafik Saifi – Al-Khor
Abdelkader Ghezzal – AC Siena
Mourad Menghi – Lazio Rom
Karim Ziani – VfL Wolfsburg
Khaled Lemmouchia – ES Sétif
Karim Matmour – Bor. Mönchengladbach
Nadir Belhadj – FC Portsmouth
Anthar Yahia – VfL Bochum
Madjid Bougherra – Glasgow Rangers
Rafik Halliche – CD Nacional Funchal
Lounés Gaouaoui – WA Tlemcen

WM 2010

TEAMS Slowenien

Gruppe C

ALGERIEN – SLOWENIEN	SO, 13.06.10	13.30	POLOKWANE
SLOWENIEN – USA	FR, 18.06.10	16.00	ELLIS PARK (JOH.)
SLOWENIEN – ENGLAND	MI, 23.06.10	16.00	NELSON MANDELA BAY

Sloweniens Nobodys mischen

Cesar Bostjan (l.) und Milivoje Novakovic (M.) im Match gegen die Slowakei.

Slowenien ist ein Team ohne grosse Namen. Und wird an der WM auf seine bombenfeste Abwehr setzen.

Die Dimension des Play-off-Erfolgs der Slowenen gegen das hoch favorisierte Russland wird deutlich, wenn man sich die Einwohnerzahlen beider Länder anschaut. Slowenien, das bis 1991 zu Jugoslawien gehörte, bringt es gerade mal auf 2 Millionen Einwohner und ist damit das bevölkerungsärmste Land an der WM.

Russland hingegen zählt 142 Millionen Einwohner. Das Ausscheiden der Russen erscheint beim Anblick dieser Zahlen noch blamabler. Nach der Auslosung der Play-off-Partien hatte die Hiddink-Elf noch gut lachen. Dass man mit Slowenien ein glückliches Los erwischt habe, da waren sich alle Russen einig. Zu früh gefreut.

Der späte Treffer des Slowenen Nejc Pecnik im Hinspiel in Moskau und der Siegtreffer von Bochum-Stürmer Zlatko Dedic im Rückspiel in Maribor machten die Sensation perfekt. Zum zweiten Mal nach 2002 reist die Mini-Nation an eine WM.

Kaum einer hätte dem Team von Coach Matjaz Kek die Qualifikation zugetraut. Tschechien und Polen galten als klare Favoriten in der Gruppe 3. Doch die beiden WM-Teilnehmer von 2006 mussten Slowenien und Gruppensieger Slowakei den Vortritt lassen.

Grosse Namen sucht man vergeblich im Team Sloweniens. Den Erfolg machen viel eher die mannschaftliche Geschlossenheit und eine erstaunlich gute Abwehr aus. In ihren zehn Qualifikationsspielen kassierten die Slowenen lediglich vier Gegentore. Kein anderes Team der Europa-Zone hat einen solchen Top-Wert vorzuweisen.

Dreier-Achse um «Supernova»

Der bekannteste Mann im Team ist Köln-Stürmer Milivoje Novakovic. Mit seinen fünf Treffern hatte der 30-Jährige grossen Anteil am slowenischen Erfolg. «Ich denke, dass unsere Nationalelf aus einer Achse besteht, zu der unser Torhüter Samir Handanovic, Captain Robert Koren und ich gehören. Die jungen Spieler respektieren diese Tatsache, und das bringt den Erfolg», so Novakovic.

In Südafrika wollen «Supernova» und Co. besser abschneiden als an der WM 2002, als Slowenien nach drei Niederlagen in drei Spielen die Segel streichen musste.

TEAMS

Fussball-Europa auf

Der Star

Die Qualifikation für die WM-Endrunde in Südafrika hatte für Milivoje Novakovic auch unangenehme Konsequenzen. Der Stürmer des 1. FC Köln wollte die WM-Teilnahme so ausgiebig feiern, dass er dabei seine Vepflichtungen für die «Geissböcke» scheinbar vergass. Der Captain des FC musste von seinem Klub extra per Charterflug nach Köln eingeflogen werden, um rechtzeitig zum Heimspiel gegen Hoffenheim auf dem Platz zu stehen. Dort wirkte «Supernova» dann so lustlos, dass ihm Köln-Trainer Zvonimir Soldo die Captain-Binde entzog. Die Freude über die Qualifkation für die WM war schnell verflogen. In letzter Zeit haftet dem 30-Jährigen dieselbe Aura an, die auch seinem Sturm-Kollegen Lukas Podolski immer wieder nachgesagt wurde: Im Nationalteam top, im Klub flop. Seiner Verantwortung für das junge slowenische Team ist sich «Nova» bewusst: «Ich bin mit meinen 30 Jahren der älteste Spieler im Team, was schon unglaublich ist. Ich übernehme gerne die Verantwortung, aber sie lastet nicht nur auf meinen Schultern, sondern auf jedem Spieler, der auf dem Platz steht.»

Milivoje Novakovic

Der Trainer

Matjaz Kek

Die Fussball-Geschichte von Matjaz Kek ist eng verbunden mit seinem Heimat-Klub NK Maribor. In der slowenischen Hauptstadt, die damals noch zu Jugoslawien gehörte, startete Kek 1979 seine Profikarriere als Mittelfeldspieler. Nachdem er zwischen 1985 und 1995 in Österreich beim SV Spittal und später beim Grazer AK Erfolge feierte, kehrte er zum Ende seiner Karriere nach Maribor zurück. Nach dem Meistertitel 1999 beendete er als 38-Jähriger seine aktive Karriere und wurde wenig später Chef-Coach des slowenischen Rekordmeisters. Nach zwei Meistertiteln 2001 und 2003 wechselte Kek zum slowenischen Fussballverband. Seit 2007 coacht er das A-Team.

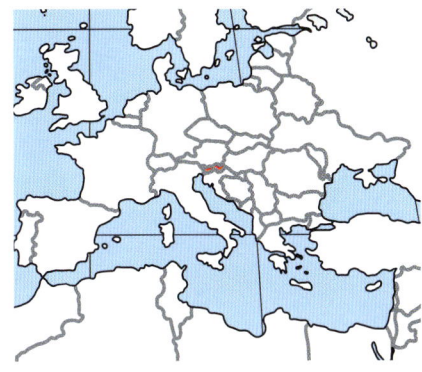

Der Verband

Slowenischer Fussballverband
Gegründet: 1920
FIFA-Weltrangliste: 33.
Anzahl Vereine: 340
Registrierte Fussballer: 30 725
Rekordspieler: Zlatko Zahovic (80 Einsätze)
Rekordtorschütze: Zlatko Zahovic (35 Tore)
Rekordmeister: NK Maribor
Grösste WM-Erfolge: WM-Vorrunde 2002
Top-Torschütze in der WM-Qualifikation: Milivoje Novakovic (5 Tore)

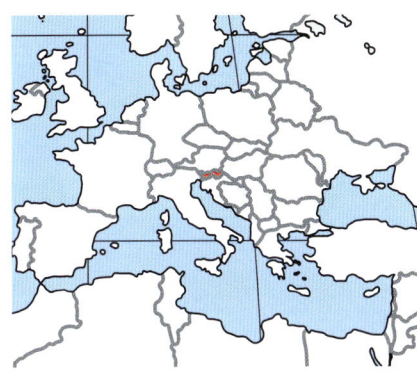

Die Wunsch-Elf

- Valter Birsa — AJ Auxerre
- Milivoje Novakovic — 1. FC Köln
- Andraz Kirm — Wisla Krakau
- Zlatko Dedic — VfL Bochum
- Alexander Radosavljevic — Tom Tomsk
- Robert Koren — West Bromwich Albion
- Bojan Jokic — FC Sochaux
- Miso Brecko — 1. FC Köln
- Bostjan Cesar — Grenoble Foot
- Marko Suler — KAA Gent
- Samir Handanovic — Udinese Calcio

WM 2010

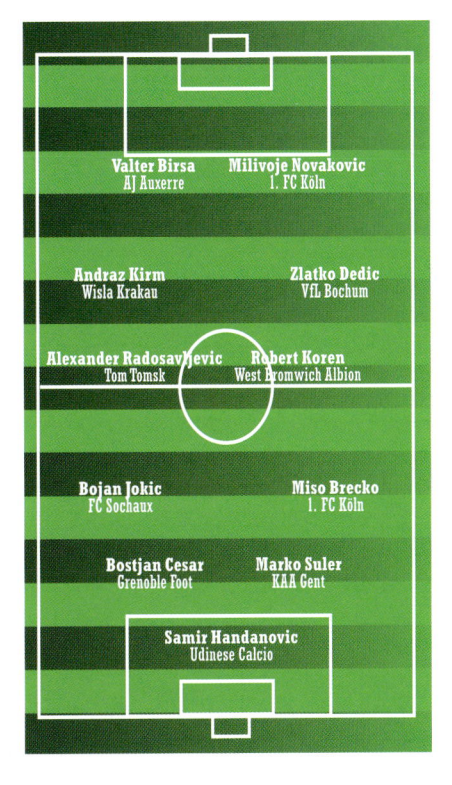

TEAMS
Deutschland

Gruppe D

DEUTSCHLAND – AUSTRAL.	SO, 13.06.10	20.30	DURBAN
DEUTSCHLAND – SERBIEN	FR, 18.06.10	13.30	NELSON MANDELA BAY
GHANA – DEUTSCHLAND	MI, 23.06.10	20.30	SOCCER CITY (JOH.)

Der Trainer

Nach der tollen Heim-WM, einer starken EM-Qualifikation und dem Vize-Titel bei der EURO 08 war Jogi Löw die Trainer-Lichtgestalt in Deutschland. Innovativ, offensiv, zielorientiert. Deutschland als moderne Fussball-Nation. Doch seither bröckelte der Status des 49-Jährigen. Nach schwachen Darbietungen in der WM-Qualifikation und in

Joachim Löw

Freundschaftsspielen monierten Kritiker die fehlende Weiterentwicklung der Mannschaft. Hinzu kam ein Disput mit Captain Michael Ballack, der Löw öffentlich kritisierte. Dies zeigte Wirkung: Der scheinbare Liebling aller Schwiegermütter bewies Härte. So sortierte er Ballack-Freund und Leader Torsten Frings gnadenlos aus. Ein Zeichen, dass es keine Erbhöfe mehr gibt. Verstärkt gibt er jungen Talenten wie Mesut Özil, Jerome Boateng oder Marko Marin eine Chance, die spielerisch das Niveau heben. Denn Löws Philosophie ist klar: schneller Offensivfussball. Setzt dies das Team bis und bei der WM wieder um, wird Löw seinen früheren Heldenstatus zurückerlangen. Bei Misserfolg wird seine Position aber schnell wackeln.

Nach Platz 2 und 3

Nach dem Tod von Robert Enke will Deutschland für seine verstorbene Nummer 1 Weltmeister werden.

Tore, Titel und Triumphe – all das rückte in Fussball-Deutschland an diesem 10. November 2009 in den Hintergrund. Die potentielle Nummer 1 im Tor, Robert Enke, nahm sich an diesem Abend das Leben. Doch eben für den Sportsmann Robert Enke wolle man nun eine gute WM spielen, gab Löw nach schweren Tagen die Richtung vor. «Robert hätte gewollt, dass wir erfolgreich spielen. So, wie er es als Profi vorgelebt hat.» Durch die WM-Qualifikation marschierten die Deutschen scheinbar mühelos: Acht Siege, zwei Unentschieden, keine Niederlage bei 26:5 Toren. Also alles gut? Nicht ganz, wenn man die Spiele genau beleuchtet. Gerade gegen Hauptkonkurrent Russland war oft das Glück der 12. Mann. Und auch gegen Finnland holten die Deutschen nur zwei magere Unentschieden.

Das Selbstvertrauen litt aber keineswegs unter den teils dürftigen Darbietungen. Nach den WM-Plätzen 2 (2002 in Japan/Südkorea) und 3 (2006 in Deutschland) gibt es für Captain Michael Ballack für Südafrika nur ein Ziel: «Wir wollen den Titel holen. Diesen Anspruch haben wir.» Der Chelsea-Legionär ist der absolute Leader im Team. Doch hinter dem 32-Jährigen erwachsen neue Hoffnungsträger. Allen voran Mesut

Deutscher Schlussjubel nach dem 2:1 im Hinspiel gegen Russland.

soll der Titel her

Özil könnte bei der WM zum Topstar aufsteigen. Bei Werder Bremen und im Nationalteam zeigt der 21-Jährige zuletzt konstant, zu welchen herausragenden Leistungen er fähig ist.

Erfahrene Jugend

Das grosse Plus der Deutschen kann auch die grosse Erfahrung in jungen Jahren sein. Lukas Podolski (24 Jahre/ 69 Länderspiele), Bastian Schweinsteiger (25 Jahre/72 Ländspiele) oder auch Philipp Lahm (26 Jahre/63 Länderspiele) sind im besten Alter und wollen ihren ersten Titel. Dazu ist Deutschland trotz des Todes von Robert Enke auch im Tor herausragend besetzt: René Adler, Tim Wiese und Manuel Neuer sind auf dem Sprung zur Weltklasse.
Bis zum WM-Start muss Löw noch feinjustieren. Im spielerischen Bereich blieben die Deutschen zuletzt viel schuldig, der bei der Heim-WM 2006 zelebrierte Offensiv-Fussball geriet zuletzt ins Stottern, Querpässe und Alibi-Flanken waren das Resultat. Dennoch: Die berühmten deutschen Tugenden sahen die Gegner auch in der WM-Qualifikation.

Der Star

Michael Ballack

An der WM in Südafrika wird Michael Ballack 33 Jahre alt sein. Realistisch gesehen seine letzte Chance, endlich einen grossen Titel mit dem Nationalteam zu gewinnen. Dementsprechend motiviert geht der Chelsea-Legionär die Mission «WM-Titel» an. Und wer Ballack kennt, der weiss: Für seine Ziele gibt er alles.
Im Nationalteam konnte er sein Standing zuletzt wieder verbessern. Während der WM-Qualifikation gab es von verschiedenen Seiten Kritik an seinem Führungsstil, Höhepunkt war eine Ohrfeige von Lukas Podolski gegen den Captain. Seither öffnete sich Ballack wieder mehr gegenüber seinen Mitspielern, er geht als Vorbild voran. Denn Joachim Löw und auch das Team wissen: Nur mit einem fitten und formstarken Ballack besteht eine reelle Chance auf den Titel.

Der Verband

Deutscher Fussballverband
Gegründet: 1900
FIFA-Weltrangliste: 6.
Anzahl Vereine: 26 837
Registrierte Fussballer: 6 308 946
Rekordspieler: Lothar Matthäus (150 Einsätze)
Rekordtorschütze: Gerd Müller (68 Tore)
Rekordmeister: Bayern München
Grösste WM-Erfolge: Weltmeister 1954, 1974, 1990
Top-Torschütze in der WM-Qualifikation: Miroslav Klose (7 Tore)

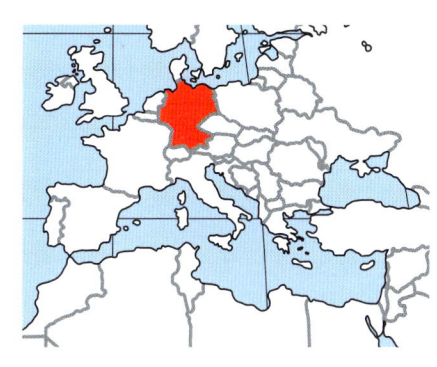

Die Wunsch-Elf

Lukas Podolski — 1. FC Köln
Miroslav Klose — Bayern München
Bastian Schweinsteiger — Bayern München
Mesut Özil — Werder Bremen
Simon Rolfes — Bayer Leverkusen
Michael Ballack — FC Chelsea
Marcel Schäfer — VfL Wolfsburg
Philipp Lahm — Bayern München
Heiko Westermann — Schalke 04
Per Mertesacker — Werder Bremen
René Adler — Bayer Leverkusen

TEAMS

Australien

Gruppe D

DEUTSCHLAND – AUSTRALIEN	SO, 13.06.10	20.30	DURBAN
GHANA – AUSTRALIEN	SA, 19.06.10	16.00	RUSTENBURG
AUSTRALIEN – SERBIEN	MI, 23.06.10	20.30	NELSPRUIT

«Socceroos» werden zum

In Südafrika nimmt Australien 2010 erst zum dritten Mal an einer WM teil. Der Vertreter des fünften Kontinents könnte aber zum WM-Stammgast werden.

Der Star

Im Alter von 14 Jahren traf Tim Cahill eine Entscheidung, die er später bereuen sollte. Der offensive Mittelfeldspieler streifte sich das Trikot West-Samoas über, der Heimat seiner Mutter, und bestritt für deren U20-Nationalmannschaft (als 14-Jähriger!) zwei Länderspiele. 2002 wollte Cahill aber unbedingt mit Irland, der Heimat seiner Grosseltern, an die WM. Die damaligen FIFA-Statuten erlaubten das nicht. Cahill war für die FIFA Samoaner. Dass er 2006 für seine «echte» Heimat Australien doch noch an einer WM teilnehmen durfte, hat er einer Statutenänderung der FIFA zu verdanken. Erst 2004 absolvierte Cahill schliesslich sein erstes Länderspiel für die Aussies. Sowohl für seinen Klub FC Everton als auch für Australien strahlt der 30-Jährige viel Torgefahr aus. Obwohl er wegen einer Fussverletzung nur an

Tim Cahill

sechs Qualifikationsspielen mitwirken konnte, wurde Cahill mit vier Toren Topskorer der Aussies auf dem Weg zu WM. «Timmy ist ein grossartiger Spieler», schwärmt Coach Verbeek, «sein Einsatz ist vorbildlich. Er ist wirklich ein grossartiges Vorbild für jeden australischen Spieler.»

Australien spielte bislang nur an Weltmeisterschaften, wenn diese in Deutschland stattfanden. 1974 schieden die «Socceroos» mit 0:2 gegen die DDR, 0:3 gegen die Bundesrepublik Deutschland und 0:0 gegen Chile schon in der Vorrunde aus. 2006 erzielten die Aussies beim 3:1 gegen Japan ihr erstes WM-Tor, verloren gegen Brasilien 0:2, blieben aber dank dem 2:2 gegen Kroatien im Rennen. In den Achtelfinals verpass-

Tim Cahill im Luftduell gegen Italiens Fabio Cannavaro.

WM 2010

TEAMS

WM-Dauergast

Der Verband

Australischer Fussballverband
Gegründet: 1961
FIFA-Weltrangliste: 21.
Anzahl Vereine: 3868
Registrierte Fussballer: 435 728
Rekordspieler: Alex Tobin (87 Einsätze)
Rekordtorschütze: Damian Mori (29 Tore)
Rekordmeister: Newcastle North Stars
Grösste WM-Erfolge: WM-Achtelfinal 2006
Top-Torschütze in der WM-Qualifikation: Brett Emerton, Tim Cahill (je 4 Tore)

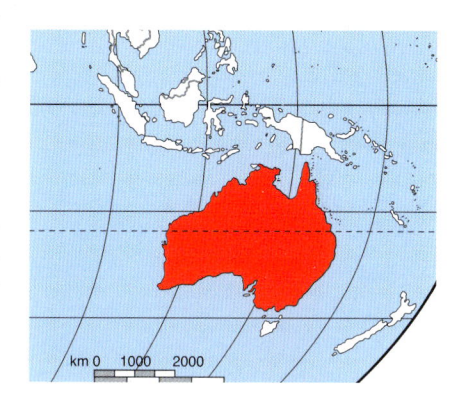

---

ten sie knapp eine mögliche Sensation. Zehn Sekunden fehlten gegen Italien bis zur Verlängerung, als ein umstrittener Penalty den späteren Weltmeister doch noch eine Runde weiterbrachte.

Die Zahl der WM-Teilnahmen zu steigern, war das erklärte Ziel des australischen Fussballverbands. Den entscheidenden Schritt dazu tätigte man am «grünen Tisch». Anfang 2005 bemühte sich Australien um einen Wechsel vom ozeanischen Kontinentalverband in die asiatische Konföderation. Dem Anliegen wurde entsprochen, auch die FIFA gab ihren Segen dazu. Auf einen Schlag verzehnfachte sich die Möglichkeit der Australier, an einer WM teilzunehmen. In Asien mit seinen 4,5 Startplätzen fanden sie viel grössere Qualifikationschancen vor als in Ozeanien, dem nur 0,5 Startplätze zur Verfügung stehen.

Keine Probleme gegen die Asiaten

Schon fast leichtes Spiel fanden die Australier bei der Premiere als Asien-Vertreter auf dem Parcours an die WM 2010 in Südafrika vor. In den ersten zwei Runden hatten sie ein Freilos. Thailand, Singapur, Syrien und Turkmenistan qualifizierten sich für die dritte Runde, in der auch Australien ins Geschehen eingriff. Der grosse Favorit qualifizierte sich, ohne wirklich gefordert zu werden. Vor allem die Viererkette um Abwehrchef und Captain Lucas Neill vom FC Everton erwies sich als sicherer Wert. Sieben Mal in Folge blieb Australien ohne Gegentor – Rekord während einer WM-Qualifikationsphase. Alles in allem – der Weg an die WM 2010 stellte Australien vor keine grossen Probleme.

Das sieht auch Scott Chipperfield so. Der Spieler des FC Basel sagt: «Die Asiengruppe ist für uns ein riesiger Vorteil. Es war aber auch irgendwie fairer als vorher. Früher konnten wir noch so gut spielen – entscheidend war immer die Barrage gegen die starken europäischen oder südamerikanischen Mannschaften.» Für seine zweite WM hat sich Chipperfield viel vorgenommen. «Wir wollen auf jeden Fall besser abschneiden als an der letzten WM», sagt der 33-Jährige, der für sein Heimatland bisher zwölf Tore erzielte. Will heissen: Australien hat mindestens die WM-Viertelfinals im Visier.

Der Trainer

Mit Holländern haben die Aussies gute Erfahrungen gemacht. Schliesslich war es Star-Trainer Guus Hiddink, der Australien 2006 nach 32 Jahren wieder an eine WM führte. 2007 verpflichtete der australische Verband in Pim Verbeek einen weiteren Holländer, der zudem noch ausgewiesener Asien-Experte ist. Kein schlechter Fang, denn Australien musste sich auf dem Weg zur WM ausschliesslich gegen asiatische Gegner durchsetzen. Bislang fiel Verbeek nur als Assistent auf. Schon als 25-Jähriger begann er seine Trainerlaufbahn als Co des holländischen FC Dordrecht. Weitere Co-Trainer-Stationen waren Feyenoord Rotterdam und Mönchengladbach. Mit den «Socceroos» will der Holländer jetzt beweisen, dass er es auch als Chef-Trainer draufhat.

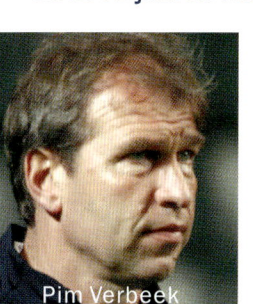

Pim Verbeek

Die Wunsch-Elf

Scott McDonald – Celtic Glasgow
Joshua Kennedy – Nagoya Grampus
Harry Kewell – Galatasaray Istanbul
Tim Cahill – FC Everton
Jason Culina – Gold Coast United
Carl Valeri – US Grosseto Calcio
Jade North – FC Incheon
Lucas Neill – FC Everton
Chris Coyne – Perth Glory
Luke Wilkshire – Dinamo Moskau
Mark Schwarzer – FC Fulham

WM 2010

TEAMS

Serbien

Gruppe D

SERBIEN – GHANA	SO, 13.06.10	16.00	PRETORIA
DEUTSCHLAND – SERBIEN	FR, 18.06.10	13.30	NELSON MANDELA BAY
AUSTRALIEN – SERBIEN	MI, 23.06.10	20.30	NELSPRUIT

Die «weissen Adler» fliegen

Der Serbe Milos Krasic rennt den französischen Spielern davon.

Souverän qualifizierte sich Serbien für die WM 2010 – und verwies den Top-Favoriten aus Frankreich auf einen Play-off-Platz.

«Die Adler fliegen zur WM», schrieben die Zeitungen in Belgrad. Ein souveräner 5:0-Sieg gegen Rumänien im zweitletzten Qualifikationsspiel reichte Serbien, um sich als Gruppen-Erster für die WM 2010 zu qualifizieren. Was im Land folgte, war Party pur: Im offenen Bus liessen sich die euphorisierten Spieler durch das Belgrader Zentrum chauffieren. Kolonnen hupender Autos verstopften die Innenstädte, überall wurde Feuerwerk abgebrannt. «Das war die schönste Nacht in der Geschichte des serbischen National-

Der Star

Für die WM 2006 hatte sich Nemanja Vidic viel vorgenommen. Nur ein Gegentor hatte Serbien-Montenegro in der WM-Qualifikation kassiert. Doch am Turnier selbst kassierte Serbien bereits in den drei Gruppenspielen zehn Gegentore und schied aus. Der Innenverteidiger selbst kam wegen einer Sperre und einer Knieverletzung gar nicht erst zum Einsatz. Seitdem ist aber im Leben des 28-Jährigen einiges passiert. Bei Manchester United, wo er seit 2005 spielt, kam er immer besser zurecht und erkämpfte sich einen Stammplatz neben Rio Ferdinand. Sein einmaliges Gespür für gutes Stellungsspiel und seine körper-

Nemanja Vidic

liche Robustheit machten ihn für ManU-Coach Alex Ferguson unverzichtbar. «Ich lernte in England sehr viel», so Vidic, der vorher bei Spartak Moskau und Roter Stern Belgrad auflief. Seine Klasse will Vidic nun auch in Südafrika ausspielen und weiss um die Verantwortung, die er gegenüber seiner Heimat trägt: «Unser Land hatte in der Vergangenheit ein schlechtes Image. Wir Sportler versuchen, das zu ändern.» Was die Stärke der «weissen Adler» ausmacht, ist für den kopfballstarken Abwehrrecken klar: «Die Jugend. Diese Spielergeneration kann mindestens fünf Jahre zusammenspielen. Das wird sich als sehr wichtig erweisen.»

TEAMS

nach Südafrika

Der Trainer

Radomir Antic: seit August 2008 Nationalcoach.

Radomir Antic war eigentlich schon von der Bildfläche verschwunden. Seit er 2004 als Trainer von Celta Vigo den Abstieg nicht verhindern konnte, war der 61-Jährige ohne Job. Doch der serbische Verband ging im August 2008 das Risiko ein und verpflichtete den Ex-Profi-Fussballer, der in seiner Karriere in Spanien, England und der Türkei aktiv gewesen war. Für die vier Jahre in Arbeitslosigkeit hat Antic eine simple Erkärung: «Ich bin ein familiärer Typ. Ich geniesse den Sport, aber auch das Leben. Ich denke, dass jemand, der immer fleissig ist, es auch mal für eine gewisse Zeit ruhiger angehen kann.» Und fleissig war er in seiner Trainerlaufbahn allemal. Bis heute ist Antic der Einzige, der in Spanien sowohl bei Real Madrid, FC Barcelona und Atletico Madrid auf der Trainerbank sass. Mit Atletico holte der weltoffene Coach 1996 gar das Double.

teams», schrieb die Zeitung «Press». Sehr emotional reagierte auch Nationalcoach Radomir Antic. «Danke, meine Jungs! Für solche Spiele lebt man!», sagte der 61-Jährige kurz nach Spielende unter Tränen.
«Wir stehen in der Gruppe vor dem riesigen Frankreich. Das muss man sich mal vorstellen», freute sich der Ex-Herthaner Marko Pantelic und brachte auf den Punkt, was die Qualifikation für das Land bedeutet: «Serbien ist ein junges Land, solche Erfolge sind wichtig. Das stärkt die Identität, den Zusammenhalt. Die Menschen bekommen das Gefühl, dass das kleine Serbien eine Rolle spielt in der weiten Welt.»

Neue Fussball-Identität

Erst im Juni 2006 hatte sich Montenegro von Serbien abgespalten. Ab diesem Zeitpunkt begannen «die Adler», mit roten statt blauen Trikots aufzulaufen. Dass das serbische Team aber so schnell wieder eine eigene Identität fand, hat es hautpsächlich dem 61-jährigen Erfolgstrainer Antic zu verdanken.
Dieser setzte bei der Teambildung auf junge, talentierte Spieler, für die der Balkankrieg 1999 schon längst Vergangenheit war.
Diese neue Generation von Spielern hatte bereits 2007 mit dem Final an der U21-EM auf sich aufmerksam gemacht. Viele dieser neuen Spielergeneration schafften bereits den Durchbruch in europäischen Top-Teams. Besonders beeindruckend ist mit Topstürmern wie Dejan Stankovic (Inter Mailand), Marko Pantelic und Nikola Zigic (FC Valencia) das Offensivpotential der «Beli Orlovi» (der «weissen Adler»). Mit dem Verteidiger Nemanja Vidic von Manchester United, Dreh- und Angelpunkt der serbischen Elf, und dem 21-jährigen Innenverteidiger Neven Subotic von Borussia Dortmund ist aber auch die Verteidigung top-besetzt. ■

Der Verband

Serbischer Fussballverband
Gegründet: 1919
FIFA-Weltrangliste: 20.
Anzahl Vereine: 2096
Registrierte Fussballer: 132 182
Rekordspieler: Vladimir Stojkovic (28 Einsätze)
Rekordtorschütze: Nikola Zigic (11 Tore)
Rekordmeister: Roter Stern Belgrad
Grösste WM-Erfolge: WM-Vierter 1930, 1962
Top-Torschütze in der WM-Qualifikation: Milan Jovanovic (5 Tore)

Die Wunsch-Elf

Marko Pantelic — Ajax Amsterdam
Nicola Zigic — FC Valencia
Nenad Milijas — Wanderers
Dejan Stankovic — Inter Mailand
Gojko Kacar — Hertha BSC
Milos Krasic — ZSKA Moskau
Ivan Obradovic — Real Zaragoza
Branislav Ivanovic — FC Chelsea
Aleksandar Lukovic — Udinese Calcio
Nemanja Vidic — Manchester United
Vladimir Stojkovic — Sporting Lisaabon

WM 2010

TEAMS

Ghana

Gruppe D

SERBIEN – GHANA	SO, 13.06.10 16.00	PRETORIA
GHANA – AUSTRALIEN	SA, 19.06.10 16.00	RUSTENBURG
GHANA – DEUTSCHLAND	MI, 23.06.10 20.30	SOCCER CITY (JOH.)

«Black Stars» wollen Afrika

Zum zweiten Mal hintereinander qualifiziert sich Ghana für eine WM. Und zum zweiten Mal ist es ein Serbe, der die «Black Stars» an die Endrunde führt.

Die Freude an Afrikas Westküste kannte keine Grenzen mehr. «Fantastisch», titelte die «Ghanaian Times», «Südafrika, wir kommen», hiess es in der «Mail». Und der «Daily Graphic» verglich den Triumph mit der Unabhängigkeitserklärung von 1957, als Ghana als erstes afrikanisches Land südlich der Sahara selbstständig wurde.

Über 20 Millionen Einwohner Ghanas sollen den entscheidenden 2:0-Sieg gegen Sudan live im TV verfolgt haben.

«Ghana ist ein Symbol der Hoffnung und wird in Südafrika sicher viele Fans gewinnen. Ich hoffe, sie machen Afrika stolz», sagte OK-Chef Danny Jordaan.

2010 haben die «Black Stars» also die Möglichkeit, die Geschichte weiterzuschreiben, die an der WM 2006 in Deutschland begann. Obwohl Ghana schon seit langer Zeit eine Nation war, die viele Spieler ins europäische Ausland entsandte – etwa Sammy Kuffour, Anthony Yeboah und Abédi Pelé – gelang den «schwarzen Sternen» erstmals 2006 die Teilnahme an einer WM-Endrunde.

Weltmeister aus der ASL

Auf seine erste WM-Teilnahme mit Ghanas A-Nationalmannschaft darf auch einer hoffen, der bereits 2009 Weltmeister geworden ist: Samuel Inkoom, Sommer-Neuzugang des FC Basel, ist mit seinen 20 Jahren einer der Jüngsten, aber schon Stammspieler der «Black Stars». Im Herbst gewann Inkoom mit Ghanas U20 die Weltmeisterschaft in Ägypten.

Trainiert werden dei «Black Stars», wie an der WM 2006, von einem Serben. Milovan Rajevac übernahm im Sommer 2008 das Traineramt vom Franzosen Claude Le Roy.

Nach ihren Erfahrungen von der WM 2006 treten die Ghanaer in Südafrika nicht als Kanonenfutter an. «Die Zeiten, als afrikanische Mannschaften nicht auf Augenhöhe mit den grossen Nationen waren, sind vorbei», sagt Ghana-Captain Stephen Appiah, «wir fahren nach Südafrika, und wir fürchten uns vor niemandem.» ∎

Ghanas Asamoah Gyan (r.) gegen Japans Kengo Nakamura.

WM 2010

TEAMS

stolz machen

Der Trainer

Als Milovan Rajevac im Sommer 2008 das Traineramt der Ghanaer übernahm, stand der Serbe von Beginn an in der Kritik. Seine Pressekonferenzen in gebrochenem Englisch hinterliessen keinen guten Eindruck. Auch seine mangelnde Erfahrung als Auswahltrainer wurde Rajevac zur Last gelegt. Auffällig in der Vita des Serben: Bei drei Klubs, für die er in den 70er und 80er Jahren selbst die Kickstiefel schnürte – Roter Stern Belgrad, FK Vojvodina und Borac Cacak – war er später auch als Trainer aktiv. International ist Rajevac ein unbeschriebenes Blatt. Dass man ein Team aber auch ohne internationale Erfahrung zur WM-Endrunde führen kann, bewies der 55-Jährige nun eindrücklich. 2010 wird die Weltöffentlichkeit den Serben kennenlernen.

Milovan Rajevac

Der Star

An der WM 2006 scheiterten die «Black Stars» mit 0:3 an Brasilien. An der Achtelfinal-Niederlage war einer gesperrt, der heute der absolute Top-Star Ghanas ist: Michael Essien. Der zweikampfstarke Defensiv-Spieler gilt als ungeheuer ballsicher und vielseitig einsetzbar. Manche sehen in Essien sogar den komplettesten Spieler, der je aus Afrika den Weg nach Europa fand. Seinen Durchbruch erlebte der in Ghanas Hauptstadt Accra geborene Essien in Neuseeland. An der FIFA U17-WM 1999 wurden zahlreiche Scouts auf den Defensiv-Spieler aufmerksam und so landete er nur ein Jahr später beim Ligue-1-Klub AC Bastia. Später, bei Olympique Lyon, gewann Essien seine ersten Titel und wurde 2005 von Frankreichs Profis zum besten Spieler der Saison ausgezeichnet. Im gleichen Jahr wechselte er für 38 Millionen Euro zum FC Chelsea, wo er wertvolle Stammkraft ist. Nach Abédi Pelé und Sammy Kouffour will Essien mit Chelsea als dritter Ghanaer die Champions League gewinnen.

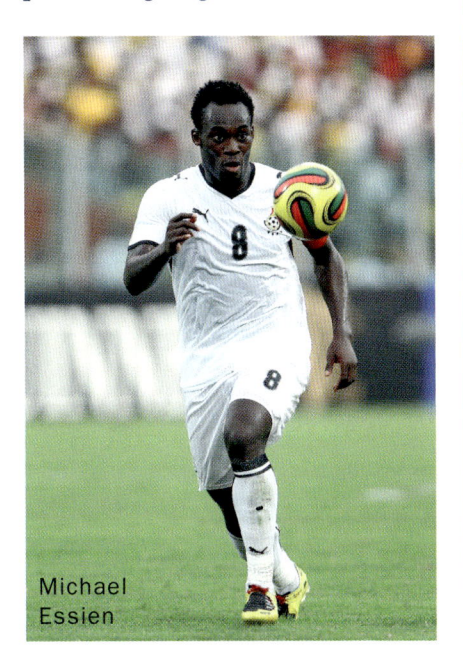

Michael Essien

Der Verband

Ghanaischer Fussballverband
Gegründet: 1957
FIFA-Weltrangliste: 37.
Anzahl Vereine: 280
Registrierte Fussballer: 27 500
Rekordspieler: Abédi Pelé (73 Einsätze)
Rekordtorschütze: Abédi Pelé (33 Tore)
Rekordmeister: Asante Kotoko
Grösste WM-Erfolge: WM-Achtelfinal 2006
Top-Torschütze in der WM-Qualifikation:
Manuel Agogo, Matthew Amoah (je 4 Tore)

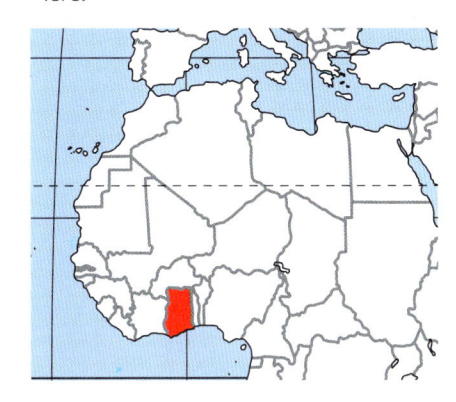

Die Wunsch-Elf

Prince Tagoe – TSG 1899 Hoffenheim
Matthew Amoah – NAC Breda
Sulley Ali Muntari – Inter Mailand
Stephen Appiah – FC Bologna
Anthony Annan – Rosenborg Trondheim
Michael Essien – FC Chelsea
Harrison Afful – Esperance Tunis
Samuel Inkoom – FC Basel
John Mensah – AFC Sunderland
Eric Addo – Roda Kerkrade
Richard Kingson – Wigan Athletic

WM 2010

TEAMS
Niederlande
Gruppe E

NIEDERLANDE – DÄNEMARK	MO, 14.06.10	13.30	SOCCER CITY (JOH.)
NIEDERLANDE – JAPAN	SA, 19.06.10	13.30	DURBAN
KAMERUN – NIEDERLANDE	DO, 24.06.10	20.30	KAPSTADT

Nach der Heim-EM folgt die

Jubel in orange: auch in Südafrika werden viele Holländer die Tribünen säumen.

Der Star

Sein Wechsel von Real Madrid zu Bayern München war ein Blitztransfer und wurde auf höchster Ebene über die Bühne gebracht. Nur drei, vier Tage brauchten Real-Präsident Florentino Perez und Bayern-Manager Uli Hoeness, dann waren sich beide Parteien einig, und Arjen Robben kam für 36 Millionen Franken an die Isar. Sein Ex-Trainer bei Chelsea, José Mourinho, sagt über den Flügelflitzer: «Im Eins-gegen-Eins ist er einer der besten Spieler der Welt.» Robben gilt als verletzungsanfällig. Bei Real wurde er «gläserner Robben» genannt. Seine Krankenakte umfasst einen Fussbruch, Operationen am Knie sowie mehrere Muskel- und Bänderrisse. Im Nationalteam debütierte er 2003 beim 1:1 gegen Portugal. An der Euro 2004 verdrängte Robben den damaligen Barça-Star Marc Overmars aus der Stammelf.

Arjen Robben

Holland qualifizierte sich locker für die WM 2010. In Südafrika erwarten die Oranjes Heimspiele.

Bern machte die EURO 08 zu holländischen Festspielen. An der WM in Südafrika wird Holland ähnlichen Support geniessen können. Der Grossteil der rund 5 Millionen Weissen im Land sind Buren, auch Kapholländer genannt. Ihre Sprache Afrikaans ist ein Mix aus vorwiegend Holländisch und Deutsch und wird von den Holländern problemlos verstanden. Die Verständigung zwischen den Buren und den holländischen WM-Fans wird über «Hup Holland!» hinausgehen.

TEAMS

Heim-WM

Der Verband

Niederländischer Fussballverband
Gegründet: 1895
FIFA-Weltrangliste: 3
Anzahl Vereine: 4856
Anzahl aktive Fussballer: 1 138 860
Rekordspieler: Edwin van der Sar (130 Einsätze)
Rekordtorschütze: Patrick Kluivert (40 Tore)
Rekordmeister: Ajax Amsterdam
Grösste WM-Erfolge: WM-Vierter 1998
Top-Torschütze in der WM-Qualifikation: Dirk Kuyt, Klaas Huntelaar (je 3 Tore)

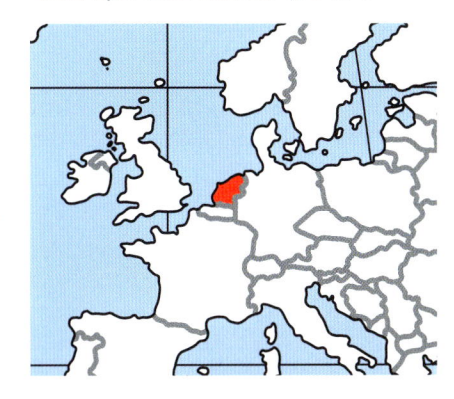

Der Trainer

Die perfekte WM-Qualifikationsbilanz der holländischen Nationalmannschaft zeigt eindeutig, wie gut dem Bondscoach Bert van Marwijk der Übergang gelungen ist, seitdem er im Juli 2008 Nachfolger von Marco van Basten wurde. Dem ehemaligen Trainer von Borussia Dortmund und Feyenoord Rotterdam, der wegen seiner umsichtigen, analytischen Arbeit grossen Respekt geniesst, ist es gelungen, eine Mannschaft zu formen, in der sich technische Extraklasse und solide athletische Leistungen perfekt ergänzen.

Als Spieler kam Van Marwijk nur zu einem einzigen Einsatz in orange. Als eine seiner ersten Amtshandlungen holte er Mark van Bommel in die Nationalmannschaft zurück. Mit dem Star von Bayern München verbinden ihn familiäre Banden. Van Bommel ist mit Van Marwijks Tochter Andra verheiratet. «Opa» van Marwijk hat bereits drei Enkelkinder.

Seit 2008 im Amt: Bert van Marwijk.

Der «Heimvorteil» garantiert wie an der EURO 08 (Viertelfinal-Aus gegen Russland) noch keinen Erfolg. Doch die WM-Qualifikation haben die Oranjes in bestechender Manier bestritten. Nach dem 2:1 gegen Island hatte sich das Team von Trainer Bert van Marwijk vorzeitig für die Endrunde qualifiziert. Am Schluss der Ausscheidung lautete die eindrückliche Bilanz: 8 Spiele, 8 Siege mit einem Torverhältnis von 17:2. Insgesamt zum 22. Mal in Folge blieben die Niederländer in einem WM-Qualifikationsspiel ungeschlagen. Die letzte Niederlage datiert vom 1. September 2001. Damals verloren sie in Irland 0:1.

Homogenes Team

Trainer Bert van Marwijk bleibt realistisch: «Die echte Prüfung wartet erst in Südafrika auf uns. Und zwar gegen Mannschaften mit grosser individueller Klasse. Unser Anspruch muss es nun sein, das Höchste zu erreichen.» Das Team besteht aus Routiniers wie Mark van Bommel und Giovanni van Bronckhorst sowie aus hungrigen Spielern wie Rafael van der Vaart, Arjen Robben, Wesley Sneijder, Robin van Persie, Klaas Jan Huntelaar und Dirk Kuyt – allesamt in europäischen Top-Klubs unter Vertrag, welche in ihrer Karriere noch lange nicht am Zenit angelangt sind. Vergessen sind die Querelen innerhalb der Mannschaft, die an früheren WM-Endrunden dem Teamgeist nicht gerade förderlich waren. Die Mannschaft wirkt homogen. Das zeigte sie schon an der EURO 08 mit genialem Kombinationsspiel und nicht zuletzt durch die Jubelkreise, zu welchen die holländischen Stars nach ihren Toren ansetzten.

Die Wunsch-Elf

- Dirk Kuyt – FC Liverpool
- Klaas-Jan Huntelaar – AC Mailand
- Robin van Persie – Arsenal London
- Arjen Robben – Bayern München
- Wesley Sneijder – Juventus Turin
- Mark van Bommel – Bayern München
- Nigel de Jong – Juventus Turin
- John Heitinga – FC Everton
- Joris Mathijsen – Hamburger SV
- André Ooijer – PSV Eindhoven
- Maarten Stekelenburg – Ajax Amsterdam

WM 2010

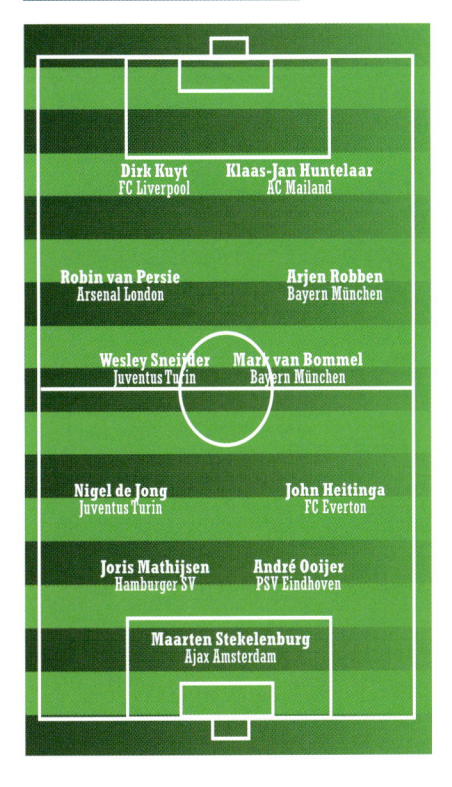

TEAMS

Dänemark

Gruppe E

NIEDERL. – DÄNEMARK	MO, 14.06.10	13.30	SOCCER CITY (JOH.)
KAMERUN – DÄNEMARK	SA, 19.06.10	20.30	PRETORIA
DÄNEMARK – JAPAN	DO, 24.06.10	20.30	RUSTENBURG

«Danish Dynamite» zündet

Wie bei ihrem EM-Titel 1992 wollen die Dänen das Publikum in Südafrika überraschen. In ihrer Qualifikations-Gruppe stellten sie den Favoriten ein Bein.

Die Vorzeichen für die dänische Nationalmannschaft in der WM-Qualifikation standen angesichts der starken Konkurrenz aus Portugal und Schweden alles andere als gut, doch «Danish Dynamite» qualifizierte sich als Gruppensieger souverän.

Ein phänomenaler Aufstieg gelang der dänischen Nationalmannschaft erstmals an der EM 1984 in Frankreich. Das Team um den heutigen Nationaltrainer Morten Olsen, Hellas-Verona-Stürmer Preben Elkjaer Larsen und Real-Star Michael Laudrup schaffte es bis in die Halbfinals. Von «Danish Dynamite» war fortan die Rede.

Mit Offensivfussball modernster Prägung wartete Dänemark auch an der WM 1986 in Mexiko auf. Durch spektakuläre Siege gegen Schottland, Uruguay und Deutschland avancierten die Dänen zum Geheimfavoriten auf den Titel, verloren dann aber in den Achtelfinals gegen Spanien.

Der grosse Wurf gelang bei der EM 1992 in Schweden, als die dänischen «Ferienkünstler» für die disqualifizierte jugoslawische Mannschaft als Ersatzteam ohne Vorbereitung nachrückten und sensationell Europameister wurden, indem sie die Favoriten Frankreich, Holland und im Final Deutschland bezwangen. Für Furore sorgten die Dänen auch bei der WM 1998 in Frankreich. In den Viertelfinals schieden sie knapp gegen Brasilien aus.

Bendtner öffnet die Tür

Grundstein der erfolgreichen Qualifikation für Südafrika war der 3:2-Auswärtssieg am zweiten Spieltag gegen die Portugiesen. Im Rückspiel resultierte ein 1:1. Torschütze für die Dänen war der 21-jährige Arsenal-Stürmer Nicklas Bendtner. Sein Treffer wurde zum Tor des Jahres erkoren, Bendtner zum Fussballer des Jahres gewählt.

Weitere Schlüsselspieler sind Christian Poulsen (Juventus Turin), Daniel Agger (Liverpool) und Daniel Jensen (Werder Bremen).

Dänemark ist kein Favorit auf die WM, aber wenn die besten Spieler dabei sind, ist vieles möglich. In der Qualifikation konnte Nationalcoach Morten Olsen aus Verletzungsgründen nie mit derselben Mannschaft auflaufen. Insgesamt setzte die Trainer-Legende nicht weniger als 37 Spieler ein.

«Danish Dynamite» spazierte locker durch die Quali.

Der Star

Christian Poulsen

Vom FC Kopenhagen wechselte Poulsen auf die Saison 2001/02 hin für 12 Millionen Franken zu seinem ersten Grossklub – zu Schalke 04. Nach 111 Partien in der Bundesliga zog es ihn zum FC Sevilla, mit dem er 2007 den Uefa-Cup und den spanischen Pokal gewann. Ein Jahr später blätterte Juventus Turin für den Mittelfeldspieler 15 Millionen Franken hin.

Sein Name fällt auch immer wieder im Umfeld des FC Barcelona. Poulsen soll ein Kandidat für das zentrale Mittelfeld von Barça werden, wo mit Seydou Keita und Yaya Toure zwei Spieler aus der Elfenbeinküste wegen des Afrika-Cups abwesend sein wer-

TEAMS

wieder

Der Trainer

Tore schoss er als Spieler nicht viele, weniger jedenfalls als «Kaiser Franz», mit dessen Spielweise er immer verglichen wurde. In seinen 102 Länderspielen traf Morten Olsen vier Mal. In 80 Partien für den 1. FC Köln erzielte er zwei Treffer, den ersten gegen Oliver Kahn, als dieser noch im Tor des Karlsruher SC stand. Köln war auch eine seiner Trainerstationen, dazu coachte er auf Klubebene Bröndby IF und Ajax Amsterdam. Zu den Zielen seiner Mannschaft in Südafrika sagt Olsen: «Die Qualifikation dauerte fast anderthalb Jahre, die Endrunde nur vier Wochen. Wir müssen schauen, dass wir in guter Verfassung sind. Das Wichtigste ist, zu zeigen, dass man Fussballspielen kann.» Sein Gesamteindruck in der WM-Ausscheidung der Europazone macht den Dänen für Südafrika hoffnungsvoll: «In unserer Gruppe gehörte Portugal die Favoritenrolle. Spielerisch sicherlich eines der besten Teams der Welt. Aber die Portugiesen haben ihre Chancen nicht verwertet. Die Unterschiede zwischen den einzelnen Teams im europäischen Vergleich sind nicht gross. Da zählt oft allein die Tagesform. Das wird an der WM nicht anders sein.»

den. Poulsen ist kein Kind von Traurigkeit. Beim EM-Spiel gegen Italien 2004 in Portugal provozierte er Roma-Star Francesco Totti, der sich mit einer Spuckattacke revanchierte. Drei Jahre später schlug er in einem EM-Qualifikationsspiel dem Schweden Markus Rosenberg in den Bauch und wurde vom Platz gestellt, worauf ein Fan den deutschen Schiedsrichter Herbert Fandel angriff.

Morten Olsen

Der Verband

Dänischer Fussballverband
Gegründet: 1889
FIFA-Weltrangliste: 26.
Anzahl Vereine: 2383
Registrierte Fussballer: 301 333
Rekordspieler: Peter Schmeichel (129 Einsätze)
Rekordtorschütze: Poul Nielsen (52 Tore)
Rekordmeister: KB Kopenhagen
Grösste WM-Erfolge: WM-Viertelfinal 1998
Top-Torschütze in der WM-Qualifikation: Soren Larsen (5 Tore)

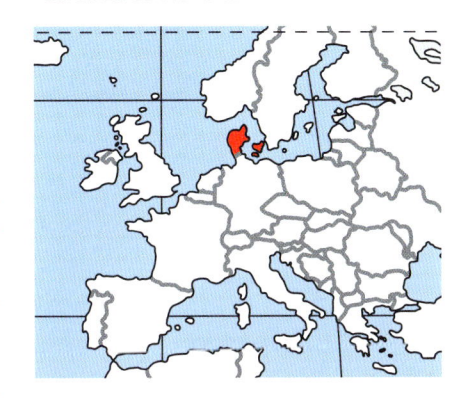

Die Wunsch-Elf

Nicklas Bendtner — Arsenal London
Jon Dahl Tomasson — Feyenoord Rotterdam
Martin Jørgensen — AC Florenz
Jakob Poulsen — Aarhus GF
Thomas Kahlenberg — VfL Wolfsburg
Christian Poulsen — Juventus Turin
Anders Møller Christensen — Odense Boldklub
Lars Jacobsen — Blackburn Rovers
Daniel Agger — FC Liverpool
Simon Kjaer — US Palermo
Thomas Sørensen — Stoke City

WM 2010

TEAMS | **Gruppe E** | **Japan**

JAPAN – KAMERUN	MO, 14.06.10 16.00	BLOEMFONTEIN
NIEDERLANDE – JAPAN	SA, 19.06.10 13.30	DURBAN
DÄNEMARK – JAPAN	DO, 24.06.10 20.30	RUSTENBURG

Angriff auf die

Zum vierten Mal in Folge qualifizierte sich Japan für eine Weltmeisterschaft. Doch nur die Teilnahme alleine reicht den Asiaten nicht mehr. Sie wollen zum grossen Schlag ausholen.

Die Japaner Junichi Inamoto (l.) und Keiji Tamada gegen Ghanas Stephen Appiah.

«Mit dem Abpfiff beginnt für uns eine neue Herausforderung. Ich will, dass meine Spieler hart kämpfen und bei der WM 2010 in die Halbfinals einziehen.» Ein Statement von Brasilien-Coach Carlos Dunga? Oder benennt hier der Deutsche Coach «Jogi» Löw bereits hohe Ziele? Keineswegs, die Aussage stammt von Takeshi Okada, dem Nationalcoach von Japan. Als erstes Team – nach Südafrika – qualifizierten sich die Asiaten für die Weltmeisterschaft 2010.

War man lange Zeit ein weisser Fleck auf der Fussball-Weltkarte, schaffte Japan nun die vierte Qualifikation in

Der Trainer

Takeshi Okada

Es ist wieder Takeshi-Okada-Time in Japan. Der Trainer, der Japan sensationell zur ersten WM-Teilnahme 1998 verhalf, wird auch zwölf Jahre danach wieder das Zepter schwingen. Nach einem tragischen Schlaganfall von Okadas Vorgänger Ivica Osim musste der japanische Fussballverband schnell handeln. Die Wahl fiel schnell auf den 53-Jährigen Okada, der als Klubtrainer der Yokohama Marinos zweimal japanischer Meister wurde.

Mit der Ernennung Okadas läutete der Verband eine neue Ära ein. Denn zwischen 1998 und 2007 baute Japan ausschliesslich auf ausländische Trainer-Kompetenz. Auf den Franzosen Philippe Troussier, der nach der WM 1998 das Amt von Okada übernahm, folgten der Brasilianer Zico und zuletzt der Bosnier Ivica Osim. Für viele Japaner ist der 24-fache Nationalspieler Okada der beste Trainer, den Japan jemals hervorbrachte.

TEAMS

Weltspitze

Folge für eine Weltmeisterschaft. Doch woher kommt dieser plötzliche Erfolg? Konnte sich Japan doch bis 1998 nie für eine WM qualifizieren. «Die Gründung der J-League 1992 professionalisierte den Fussball», erklärt Guido Buchwald. «Ausserdem gab die WM 2002 im eigenen Land einen grossen Schub». Der Weltmeister von 1990 spielte knapp drei Jahre bei den Urawa Red Diamonds (1994 bis 1997, von 2004 bis 2006 war er Coach beim «FC Bayern Asiens»).

Japaner erobern Europa

In Europas Top-Ligen finden sich immer mehr japanische Stars – und das Nationalteam profitiert von dieser Entwicklung. Die Ausrichtung nach Europa ist ein wesentlicher Grund für die neue Stärke der Japaner. Spieler wie Shunsuke Nakamura (Espanyol Barcelona), Makoto Hasebe (VfL Wolfsburg), Daisuke Matsui (Grenoble Foot) und Yoshito Okubo (Ex-Wolfsburg) stellen das Grundgerüst des Nationalteams. «Japan wird sich in den kommenden Jahren immer mehr der Weltspitze nähern», glaubt Buchwald. «Generell sind die Nachwuchsspieler in Japan technisch unheimlich beschlagen, sehr schnell und überaus ehrgeizig.» Der Fussball in Japan holt auf und liegt in der Popularität dicht hinter Baseball – Volkssport Nummer eins im Land der aufgehenden Sonne.
Die vierte Qualifikation in Folge zu einer Weltmeisterschaft ist der Lohn einer konsequenten Aufbauarbeit. Doch die japanische Mentalität will mehr, die WM 2010 in Südafrika soll zur Krönung werden. «Wir werden uns gut vorbereiten auf dieses Turnier. Denn nur die Qualifikation reicht mir nicht, wir wollen für einen Paukenschlag sorgen», gibt Nationalcoach Okada Ziele aus, die sonst nur die grossen Fussballnationen wie Brasilien, Deutschland und Co. für sich proklamieren.

Der Star

Symbolisch für die erfolgreiche Entwicklung von Japans Fussball steht noch immer Hidetoshi Nakata, der «Beckham Asiens», der nach der WM 1998 zu AC Perugia und später zu AS Rom wechselte. Doch Nakatas Karriere ist beendet. Japans Top-Star von heute heisst Shunsuke Nakamura und wirbelt beim Espanyol Barcelona erfolgreich im Mittelfeld. Der 31-Jährige ist Publikumsliebling und beeindruckt mit harten, präzisen Freistössen. «Der Wechsel nach Europa war eine schwere Entscheidung. Doch ich musste raus aus der heimischen Liga, um mich weiterzuentwickeln», weiss Nakamura. Erst 2002 wechselte der 1,78 m grosse Linksfuss von der J-League nach Europa. Über Reggina Calcio und Celtic Glasgow führte ihn sein Weg letzten Sommer schliesslich nach Barcelona, wo er einen Zweijahresvertrag unterschrieb.

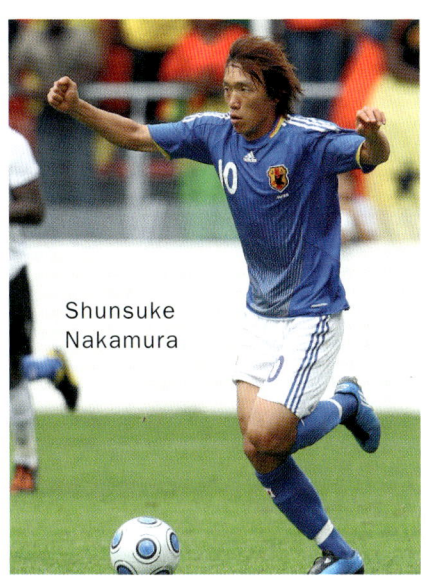

Shunsuke Nakamura

Der Verband

Japanischer Fussballverband
Gegründet: 1921
FIFA-Weltrangliste: 43.
Anzahl Vereine: 2000
Registrierte Fussballer: 1 045 150
Rekordspieler: Masami Ihara (122 Eins.)
Rekordtorschütze: Kunishige Kamamoto, Kazuyoshi Miura (je 55 Tore)
Rekordmeister: Kahima Antlers
Grösste WM-Erfolge: Achtelfinal 2002
Top-Torschütze in der WM-Qualifikation: Marcus Tanaka, Shunshuke Nakamura, Yasuhito Endo, Yuji Nakazawa (je 3 Tore)

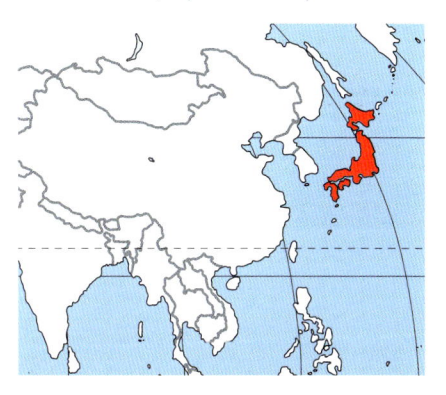

Die Wunsch-Elf

Keiji Tamada – Nagoya Grampus
Tatsuya Tanaka – Urawa Red Diamonds
Shunsuke Nakamura – Espanyol Barcelona
Yoshito Okubo – Vissel Kobe
Makoto Hasebe – VfL Wolfsburg
Yashuto Endo – Gamba Osaka
Yuto Nagatomo – FC Tokyo
Atsuto Uchida – Kashima Antlers
Tulio – Urawa Red Diamonds
Yuji Nakazawa – Yokohama F. Marinos
Seigo Narazaki – Nagoya Grampus

WM 2010

TEAMS

Kamerun

Gruppe E

JAPAN – KAMERUN	MO, 14.06.10	16.00	BLOEMFONTEIN
KAMERUN – DÄNEMARK	SA, 19.06.10	20.30	PRETORIA
KAMERUN – NIEDERLANDE	DO, 24.06.10	20.30	KAPSTADT

Otto Pfister: «Kamerun ist

Kamernus Mohamadou Idrissou beim Kopfball.

Kein anderes afrikanisches Team fuhr so oft an die WM wie Kamerun. Die «unbezähmbaren Löwen» sind zum 6. Mal dabei.

Grosse WM-Erfolge feierten die Kameruner indes kaum. Denn ausser an der WM 1990 in Italien, wo sie, angeführt vom legendären Roger Milla, bis in die Viertelfinals vorstiessen, scheiterten sie stets in der Vorrunde. In einem Interview mit der «Mittellandzeitung» nahm Weltenbummler Otto Pfister, der von 2007 bis Mai 2009 als Nationaltrainer von Kamerun gearbeitet hat, Stellung zu den Problemen und Besonderheiten im kamerunischen Fussball. Zur Stärke der Nationalmannschaft sagte der Deutsche: «Vom Potential her ist Kamerun die Nummer drei in Afrika. Kamerun hat rund 70 gestandene, professionelle Fussballer. Nigeria mehr als 150. Und die Elfenbeinküste ist in der Breite stärker als Kamerun. Kamerun hat einen

Der Star

Eto'o löste sein Versprechen ein und schenkte nach erfolgter WM-Qualifikation jedem seiner Mitspieler eine Luxusuhr. Insgesamt liess sich der Inter-Mailand-Stürmer die Erfolgsprämie rund 1,4 Millionen Franken kosten. Genug verdient hat er ja bereits in seiner Karriere.
Offenbar wirft Eto'o mit Uhren nur so um sich. «Hier, schenke ich dir», sagte er zu Usain Bolt. Der schnellste Mann der Welt sass neben ihm nach einem Werbetermin in Paris beim Smalltalk zusammen. Eto'o hatte spontan seine Armbanduhr ausgezogen und sie dem Sprintweltrekordler überreicht. Die Uhr kostete 50 000 Franken.
Auf diese Saison hin kam es zu einem spektakulären Tausch: Zlatan Ibrahimovic wechselte zu Barcelona, Eto'o zu Inter Mailand. «Durch diesen Tausch haben wir einen Coup gelandet. Samuel ist der beste Stürmer, mit dem ich je gearbeitet habe», sagte sein

Samuel Eto'o

WM 2010

TEAMS

Afrikas Nummer 3»

Der Verband

Kamerunischer Fussballverband
Gegründet: 1959
FIFA-Weltrangliste: 11.
Anzahl Vereine: 223
Registrierte Fussballer: 22 045
Rekordspieler: Rigobert Song (131 Einsätze)
Rekordtorschütze: Samuel Eto'o (42 Tore)
Rekordmeister: Canon Yaoundé
Grösste WM-Erfolge: WM-Viertelfinal 1990
Top-Torschütze in der WM-Qualifikation: Samuel Eto'o (9 Tore)

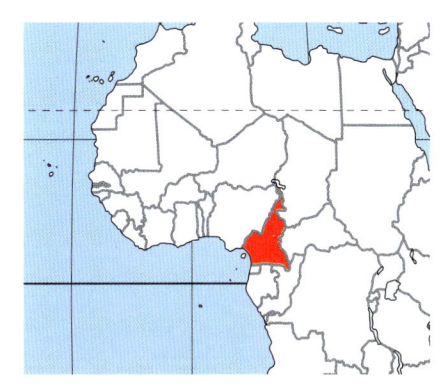

Kamerun. Kamerun hat einen Samuel Eto'o, mit Carlos Kameni von Espanyol Barcelona einen Weltklassetorhüter und drum herum etwa 20 gute Spieler, die in ihren Klubs aber nur Mitläufer sind.»

Zahlreiche Baustellen

Zum Fussball generell in Afrika meinte Pfister, der auf dem Schwarzen Kontinent mehrere Nationalteams und Klubmannschaften betreute: «Wenn ein afrikanisches Land über unsere Infrastruktur verfügen würde, wäre es fast unschlagbar. Die Afrikaner verlassen sich nur auf ihr Talent. Stellen Sie sich vor: Ein Land wie Kamerun hat nur ein praktikables Stadion. Oder die medizinische Betreuung: Es gibt keine Sportärzte. So einen findet man in Kamerun nicht. In Europa verfügt ein Trainer über Spezialisten in allen Bereichen: Torhütertrainer, Ernährungsberater, Fitnesstrainer etc. Wenn ich in Kamerun einen solchen Staff hätte, könnte ich gar kein Spiel verlieren. In Afrika wollen zwar alle erfolgreich sein. Alle wollen an den FIFA-Prämien partizipieren. Aber Leute, die effektiv arbeiten, findet man nicht. Es ist ja kein Geld vorhanden.»

Der Trainer

Am Afrika-Cup 2008 wurden nicht weniger als sieben Nationalteams von Trainern aus Frankreich betreut. Elfenbeinküste (Gérard Gili), Ghana (Claude Le Roy), Guinea (Robert Nouzaret), Mali (Jean-François Jodar), Marokko (Henri Michel), Senegal (Henryk Kasperczak) und Tunesien (Roger Lemerre).

Seit Beginn der 60er Jahre waren es bereits über 50 französische Trainer, die mit afrikanischen Nationalmannschaften gearbeitet haben. Während einige von ihnen zu Ruhm und Ehre gelangten, gaben andere nur kurze Gastspiele und blieben weitgehend unbemerkt. Die Trainergilde aus den ehemaligen Kolonialmächten, insbesondere aus Frankreich, geniesst in Afrika häufig einen besonderen Stellenwert.

Paul Le Guen kann auf eine erfolgreiche Karriere als Spieler und Trainer zurückblicken. Mit Paris St-Germain gewann der Verteidiger 1994 die Meisterschaft und drei Mal den Cup. In der Nationalmannschaft brachte er es auf 17 Einsätze. Als Trainer führte er Lyon von 2003 bis 2005 zum Titel-Hattrick.

Paul Le Guen

neuer Trainer José Mourinho. Als 13-Jähriger stand Eto'o erstmals für einen kamerunischen Zweitligisten unter Vertrag. Drei Jahre später spielte er bereits bei Real Madrid. Dreimal wurde Eto'o zu Afrikas Fussballer des Jahres gewählt. Nach einem Gastspiel auf Mallorca spielte er fünf Saisons für den FC Barcelona, mit dem er zwei Mal die Champions League gewinnen konnte. In seiner Heimat wird der 28-Jährige wie ein Gott verehrt.

Die Wunsch-Elf

Pierre Wébo – RCD Mallorca
Samuel Eto'o – Inter Mailand
Landry N'Guemo – Celtic Glasgow
Gérémi – Newcastle United
Jean II Makoun – Olympique Lyon
Emana – Betis Sevilla
Benoit Assou-Ekotto – Tottenham Hotspur
Nicolas N'Koulou – AS Monaco
Sebastien Bassong – Tottenham Hotspur
Rigobert Song – Trabzonspor
Carlos Kameni – Espanyol Barcelona

WM 2010

TEAMS Italien

Gruppe F

ITALIEN – PARAGUAY	MO, 14.06.10	20.30	KAPSTADT
ITALIEN – NEUSEELAND	SO, 20.06.10	16.00	NELSPRUIT
SLOWAKEI – ITALIEN	DO, 24.06.10	16.00	ELLIS PARK (JOH.)

Verjüngungskur für den Weltmeister

V.l.n.r.: Antonio di Natale, Fabio Cannavaro, Daniele de Rossi und Andrea Pirlo.

Der Star

«Gigi Buffon bringt es auf rund ein Dutzend Witze oder Sprüche pro Training», erzählen Habitués in Vinovo, dem Trainingszentrum von Juventus Turin. Manchmal jedoch überspannt er den Bogen auch. So zum Beispiel, als er sich mit einem gefälschten Matura-Zeugnis zum Jura-Studium einschreiben wollte. Oder als er bei Parma auf die Trikot-Nummer 88, einem verpönten Symbol für Neonazis, bestand. Und es kam auch vor, dass Buffon mit Slogans aus Mussolini-Zeiten auf dem Unterhemd provozierte. Dagegen scheint seine Liaison mit Alena Seredova, einem tschechischen Top-Model, nicht der Rede wert. Superstars wie Buffon verzeiht man in Italien vieles. Wenn nicht alles. Denn selbst das Dossier Buffon im Zusammenhang mit dem «Calciogate», dem grössten Wett- und Bestechungsskandal, der den Calcio je erschüttert hat, konnte dem Image des Goalies nichts anhaben.
Mit 17 hatte es «Gigi» geschafft. Er debütierte im A-Team der AC Parma. Sechs Jahre später wechselte Buffon zu Juve – für sagenhafte 78,5 Millionen Franken. Der teuerste Goalie-Transfer bis heute. Beim 0:0 gegen Holland im WM-Testspiel stand er zum 100. Mal im Tor der Azzurri.

Italien ist an der 19. WM in Südafrika zum 17. Mal dabei. Der Titelverteidiger braucht frisches Blut, um an der WM zu reüssieren.

Trainer Marcello Lippi zeigte Nerven, Luca Toni sprach von einem «Desaster», und der sonst so stolze Captain Fabio Cannavaro schlich mit hängendem Kopf aus dem Loftus-Versfeld-Stadion von Pretoria. Weltmeister Italien beklagte nach dem blamablen Aus beim Confederations Cup in Südafrika, ein Jahr vor Beginn der WM 2010, das Ende einer Ära. «Alt und geschlagen: Die Helden sind k. o. – das traurige Ende des Märchens von Berlin. Ein Jahr vor der WM muss die Nationalelf erneuert werden», kommentierte die Zeitung «La Repubblica» das blamable 0:3 gegen Titelverteidiger Brasilien. «Wir sind im Moment nicht konkurrenzfähig, so wie unsere Liga», sagte Torwart Gianluigi Buffon.

Presse-Schelte

«Italien – eine Schande!», titelte «Corriere dello Sport». «Italienische Finsternis. Wir waren Mumien, und wir bleiben Mumien», schrieb die «La Gazzetta dello Sport» in Anspielung auf die Pleite zuvor gegen Ägypten. Und der «Corriere» höhnte: «Die Falten und Probleme dieser Mannschaft sind offenkundig.» Tatsächlich stellten die Azzurri mit einem Schnitt von 28,56 Jahren das älteste Team in Südafrika. Die WM-Helden Captain Fabio Cannavaro (36), Rino Gattuso (31), Mauro Camoranesi (33) und Fabio Grosso (32) gehören allesamt zum Klub der Ü30.
Die Tifosi forderten von Lippi vehement eine Verjüngungskur. Diesem Ruf wollte Lippi zunächst nicht folgen. Doch beim 0:0 im Testspiel gegen die Schweiz debütierten mit dem von Juventus Turin an Genua ausgeliehenen Domenico Criscito und Juve-Jungstar Claudio Marchisio zwei 23-Jährige. Auch der 25-jährige Sampdoria-Stürmer Giampaolo Pazzini kam unter Lippi bereits vier Mal zum Einsatz.
Es bleibt spannend abzuwarten, mit welchem Personal die Squadra Azzurra in Südafrika antreten wird. Sicher ist: Der insgesamt vierfache Weltmeister Italien präsentiert sich bei grossen Turnieren oft weitaus stärker als in Testspielen.

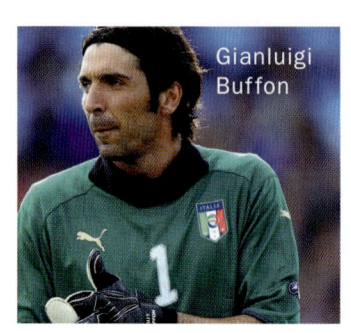

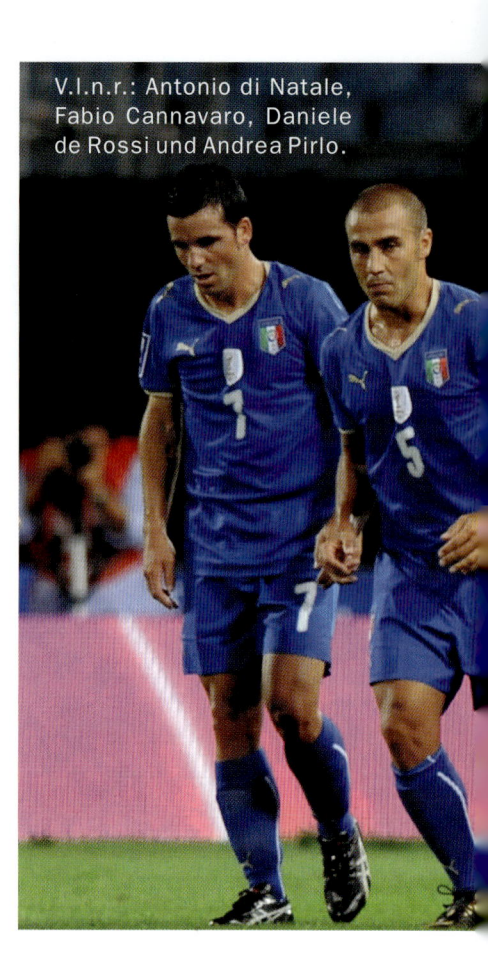

Gianluigi Buffon

TEAMS

Der Verband

Italienischer Fussballverband

Gegründet: 1898
FIFA-Weltrangliste: 4.
Anzahl Vereine: 16 697
Registrierte Fussballer: 1 513 596
Rekordspieler: Fabio Cannavaro (130 Einsätze)
Rekordtorschütze: Luigi Riva (35 Tore)
Rekordmeister: Juventus Turin
Grösste WM-Erfolge: Weltmeister 1934, 1938, 1982, 2006
Top-Torschütze in der WM-Qualifikation: Alberto Gilardino (4 Tore)

Die Wunsch-Elf

Alberto Gilardino — AC Florenz
Vincenzo Iaquinta — Juventus Turin

Andrea Pirlo — AC Mailand
Mauro Camoransesi — Juventus Turin

Daniele de Rossi — AS Rom
Angelo Palombo — Sampdoria Genua

Fabio Grosso — Juventus Turin
Gianluca Zambrotta — AC Mailand

Fabio Cannavaro — Juventus Turin
Giorgio Chiellini — Juventus Turin

Gianluigi Buffon — Juventus Turin

Der Trainer

«Über Lippis Nachfolger müssen wir schon vor Beginn der WM in Südafrika klare Ideen haben», sagte Verbandschef Giancarlo Abete. «Man sagt, dass Lippi nach der WM die Nationalmannschaft verlassen wird.» Lippi war nach dem WM-Titelgewinn 2006 in Berlin als Coach der Squadra Azzurra zurückgetreten, dann aber nach der enttäuschenden EM 2008 zurückgekehrt.

Lippi selbst macht sich über seine Zukunft nach der WM noch keine Gedanken. «Ich bin in den nächsten Monaten noch Nationaltrainer, nach der WM werden wir sehen.»

Lippi zählt zu den gefragtesten Trainern der Welt. Dabei hatte er als Coach klein angefangen, er begann 1982 als Jugendtrainer bei Sampdoria Genua. Seine erste Station in einer Profimannschaft war bei Pontedera in der Serie C. Nebst dem WM-Titel 2006 feierte er vor allem grosse Erfolge in seiner ersten Amtszeit bei Juventus Turin. Von 1994 bis 1999 gewann er bei der «alten Dame» drei Meisterschaften, einmal die Champions League.

Marcello Lippi

WM 2010

TEAMS
Paraguay
Gruppe F

ITALIEN – PARAGUAY	MO, 14.06.10	20.30	KAPSTADT
SLOWAKEI – PARAGUAY	SO, 20.06.10	13.30	BLOEMFONTEIN
PARAGUAY – NEUSEELAND	DO, 24.06.10	16.00	POLOKWANE

Goldene Generation zum

Ausserseiter Paraguay sorgte in der Südamerika-Gruppe für Furore: Die «Albirroja» zwingt nacheinander Chile, Brasilien und Argentinien in die Knie – und qualifiziert sich souverän für die WM.

Paraguay. Beliebtes Exportland von Soja, Fleisch, Baumwolle und Fussball-Profis. Sie spielen und brillieren in Mexiko, Deutschland, Belgien, England, Spanien, Kolumbien. Nur die paraguayische Nationalmannschaft, die konnte selten so richtig überzeugen. Gibt ja auch dankbarere Lagen für eine Sportnation, als auf der Landkarte im Sandwich zwischen den Fussball-Koryphäen Argentinien und Brasilien eingeklemmt zu sein. Immerhin, 1979 gelang ein Coup mit dem Triumph an der Copa América. Und im Laufe der 80er wuchs auf Paraguays Hinterhöfen und Schulhausplätzen eine goldene Generation heran, unter anderem mit Carlos Gamarra und dem stürmenden Goalie José Luis Chilavert.
Solche Stars sorgten dafür, dass Paraguay ab 1998 vom Zaun- zum Dauergast an Weltmeisterschaften avancierte. Und noch während sich das Land im Freudentaumel wähnte, geisterte in so manchem Hinterkopf die Frage herum: Kann der Generationswechsel gelingen?

Der Trainer

Geboren ist Gerardo «Tata» Martino im argentinischen Rosario, der Geburtsstadt von Che Guevara. Ganz so Spektakulär wie die Biographie des Guerilla-Führers liest sich sein Lebenslauf aber nicht. Zweimal läuft der Mittelfeldspieler im Nationaltrikot auf. Und während Talente aus Paraguay oft zwecks besseren Verdiensts in Argentiniens Spitzenliga anheuern, ging «Tata» nach seiner Aktivzeit den umgekehrten Weg. Nach Trainer-Engagements bei diversen Vereinen verdient der 47-Jährige seine Brötchen seit 2007 als Teamchef Paraguays. Und er unterhält entweder ein ausgezeichnetes Spionage-Netzwerk – oder sein System passt eben zu den Akteuren, wie ein massgeschneiderter Stollenschuh.

Gerardo Martino

Die Favoriten besiegt
Er kann. Sinnbild dafür ist etwa Roque Santa Cruz, der in Europa mächtig Furore machte – und gelegentlich immer noch macht. Dass das Stürmertalent alles andere als ein Einzelfall ist, mussten gerade die berühmten Nachbarn feststellen: In der Südamerika-Gruppe der WM-Quali-

TEAMS

Zweiten

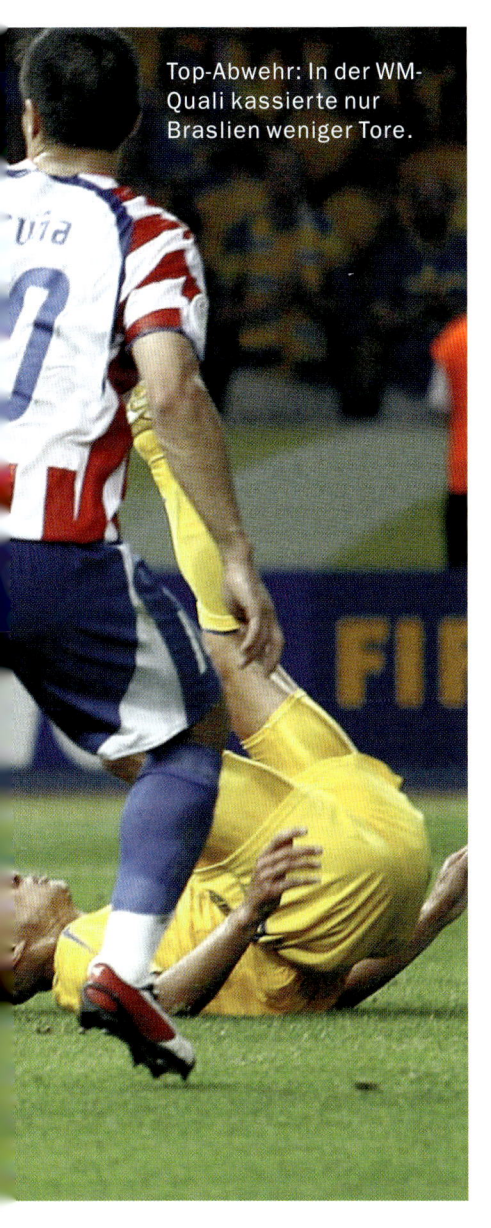

Top-Abwehr: In der WM-Quali kassierte nur Brasilien weniger Tore.

Der Star

Nelson Valdez ist 15. Schlafen tut er unter einem Tribünendach, den Kalorienbedarf deckt er vorwiegend mit Caña, einem Billig-Schnaps aus Zuckerrohr. Und seine paar Guaraní verdient er mit dem, was er am besten kann: Fussballspielen. Bloss, besonders viel zahlt der Provinzverein Atlético Tembetary dem Jung-

Nelson Valdez – von den Slums in die Bundesliga.

spund nicht. So war Valdez' Leben 1998, drei Jahre bevor Werder Bremen den Stürmer aus den Slums direkt an die Weser einfliegen lässt. Nach einer «Dekompressions-Saison» in der Regionalauswahl debütiert Valdez in der Bundesliga. Borussia Dortmund sind die Dienste des Paraguayaners 2006 rund fünf Millionen Euro wert. Doch alles hat seine Schattenseiten: «Weil ich heute so viel verdiene, sind meine Eltern potenzielle Entführungsopfer», erzählt Valdez. Im November gelingt dem Stürmer das einzige Tor beim 1:0 über Argentinien. Es bedeutet die frühzeitige WM-Qualifikation für Südafrika. Fortsetzung folgt.

fikation zwang Paraguay nacheinander Chile, Brasilien und Argentinien in die Knie und löste das Ticket für die Weltmeisterschaft ohne Probleme – punktgleich mit Chile und nur einen Punkt hinter Leader Brasilien. Und einzig die «Seleção» hatte am Schluss noch weniger Gegentore zu verzeichnen als «La Albirroja».

Der Verband

Paraguayanischer Fussballverband
Gegründet: 1906
FIFA-Weltrangliste: 30.
Anzahl Vereine: 220
Registrierte Fussballer: 23 200
Rekordspieler: Carlos Gamarra (110 Einsätze)
Rekordtorschütze: José Cardozo (25 Tore)
Rekordmeister: Olimpia Asunción
Grösste WM-Erfolge: WM-Achtelfinal 1986, 1998, 2002
Top-Torschütze in der WM-Qualifikation: Salvador Cabañas (6 Tore)

Die Wunsch-Elf

Nelson Valdez – Borussia Dortmund
Salvador Cabañas – FC America

Jonathan Santana – VfL Wolfsburg
Roque Santa Cruz – Manchester City

Christian Riveros – CD Cruz Azul
Carlos Bonet – Olimpia Asunción

Darío Verón – UNAM Pumas
Paulo da Silva – AFC Sunderland

Julio César Cáceres – Boca Juniors
Elvis Israel Marecos – Club Guaraní

Justo Villar – Real Zaragoza

WM 2010

TEAMS

Neuseeland

Gruppe F

NEUSEELAND – SLOWAKEI	DI, 15.06.10	13.30	RUSTENBURG
ITALIEN – NEUSEELAND	SO, 20.06.10	16.00	NELSPRUIT
PARAGUAY – NEUSEELAND	DO, 24.06.10	16.00	POLOKWANE

«Kiwis» als Aussenseiter

Drei «Kiwis» kesseln Brasiliens Adriano ein.

Der Star

Am 29. September 1981 gebar eine Frau in Göppingen, Baden-Württemberg, einen kleinen Jungen und taufte diesen auf den Namen Shane Edward, Familienname Smeltz. Nun, 28 Jahre später, kennt ganz Ozeanien diesen Namen. Denn der Fussballprofi, der in trägt, hat massgeblichen Anteil daran, dass sich Neuseeland erstmals seit 1982 wieder für eine WM-Endrunde qualifizieren konnte.

Mit acht Toren hat Shane Smeltz im Verlauf der Qualifikation die Hälfte aller neuseeländischer Treffer erzielt. Mit insgesamt 13 Toren für die Landesauswahl ist Smeltz der aktuell treffsicherste noch aktive «Kiwi».

Auch auf Vereinsebene ist Smeltz derzeit erfolgreich. Seit diesem Sommer ist der 28-Jährige beim australischen 1.-Liga-Team Gold Coast United engagiert und hat in seinen ersten sechs Partien bereits neunmal (!) getroffen. Der beste Spieler Neuseelands unternahm 2005 auch einen Anlauf, in England Fuss zu fassen. Beim 3.-Ligisten Mansfield-Town bestritt er allerdings nur fünf Partien. In Südafrika präsentiert sich der «deutsche Kiwi» nun dem grossen internationalen Fussball-Publikum.

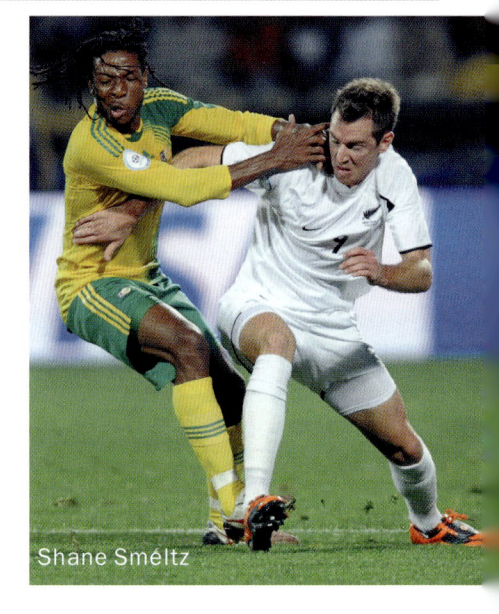

Shane Smeltz

WM 2010

TEAMS

nach Südafrika

«Dabei sein ist alles», wird es an der WM wohl für Neuseeland heissen. Die «Kiwis» sind nur 77. der FIFA-Weltrangliste.

Der Trainer

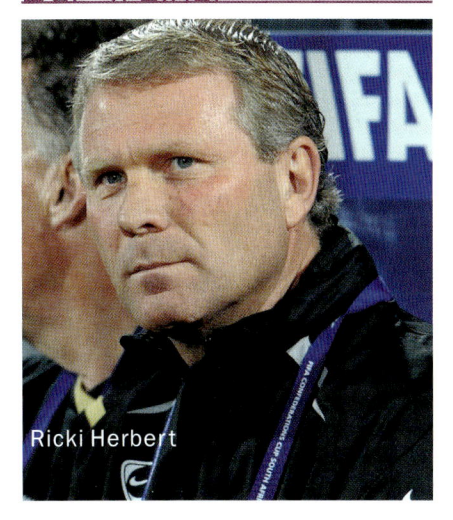

Ricki Herbert

Ricki Herbert ist der einzige Neuseeländer, der bei beiden WM-Endrunden der «Kiwis» mit von der Partie ist. 1982 in Spanien war er als Abwehrspieler darum bemüht, den Schaden für den krassen Aussenseiter in Grenzen zu halten. Nach 61 Länderspielen, in denen er insgesamt sieben Treffer erzielte, beendete der 48-Jährige 1989 seine Karriere. Nun kehrt er als «Kiwi»-Coach an eine WM-Endrunde zurück. Nach der geglückten Qualifikation hatte Herbert gegenüber FIFA.com grosse Mühe, diesen Erfolg in Worte zu fassen: «Ich bin sprachlos. Es ist unglaublich. Wir sind zurück. Wir sind da. Südafrika.»

In der Nähe von Australien befindet sich eine Inselgruppe, die sich über eine Fläche von knapp 72 Millionen Quadratkilometer erstreckt: Ozeanien. Diese Fläche ist fast ausschliesslich Meeresgebiet, auf den vereinzelten Inseln leben aber immerhin knapp 15 Millionen Menschen. Dass diese Insulaner auch Fussball spielen können, bewies Neuseeland, das sich nach der WM in Spanien 1982 zum zweiten Mal für eine Endrunde qualifizieren konnte. Es waren einige Hürden, welche die «Kiwis» auf dem Weg bis zum Kap der guten Hoffnung zu bewältigen hatten. Bereits im Oktober 2007 startete Neuseeland zur Ozeanien-Meisterschaft und besiegte zum Auftakt die Fidschi-Inseln mit 2:0. Mit demselben Resultat endete die gleiche Affiche auch am letzten Spieltag, jedoch zugunsten der Fidschi-Inseln, die auf kuriose Art und Weise Heimvorteil hatten. Denn die Neuseeländer verweigerten Fidschi-Torhüter Simione Tamanisau das Einreisevisum, weshalb die FIFA den Austragungsort der Partie kurzerhand änderte. Den «Kiwis» konnte das egal sein. Schliesslich hatten sie die restlichen Partien allesamt gewonnen, standen als Ozeanienmeister fest und qualifizierten sich damit für die WM-Barrage sowie den Confederations Cup 2009.

Nur 77. der Weltrangliste

Während die Neuseeländer am Confed Cup als Gruppenletzte ausschieden, verlief die Barrage gegen Bahrain erfolgreich: Nach einem 0:0 im Hinspiel erzielte England-Legionär Rory Fallon im Rückspiel in Wellington den goldenen Treffer, der die WM-Qualifikation sicherstellte. Als 77. der FIFA-Weltrangliste ist Neuseeland der am zweitschlechtesten eingestufte Qualifikant. Nur Nordkorea (84.) und WM-Gastgeber Südafrika (86.) sind noch schlechter.

Der Verband

Neuseeländischer Fussballverband
Gegründet: 1891
FIFA-Weltrangliste: 77.
Anzahl Vereine: 341
Registrierte Fussballer: 102 257
Rekordspieler: Vaughan Coveny (64 Einsätze)
Rekordtorschütze: Vaughan Coveny (28 Tore)
Rekordmeister: Auckland City
Grösste WM-Erfolge: WM-Vorrunde 1982
Top-Torschütze in der WM-Qualifikation: Shane Smeltz (8 Tore)

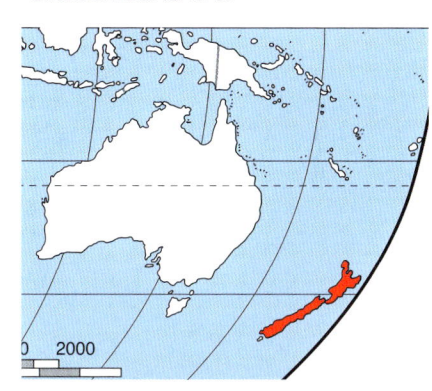

Die Wunsch-Elf

- Rory Fallon (Plymouth Argyle)
- Shane Smeltz (Gold Coast United)
- Christopher Killen (Celtic Glasgow)
- Michael McGlinchey (Central Coast Mariners)
- Ivan Vicelich (FC Auckland City)
- Tim Brown (FC Wellington Phoenix)
- Tony Lochhead (FC Wellington Phoenix)
- Leo Bertos (FC Wellington Phoenix)
- Ryan Nelson (Blackburn Rovers)
- Benjamin Sigmund (FC Wellington Phoenix)
- Mark Paston (FC Wellington Phoenix)

WM 2010

TEAMS

Slowakei

Gruppe F

NEUSEELAND – SLOWAKEI	DI, 15.06.10	13.30	RUSTENBURG
SLOWAKEI – PARAGUAY	SO, 20.06.10	13.30	BLOEMFONTEIN
SLOWAKEI – ITALIEN	DO, 24.06.10	16.00	ELLIS PARK (JOH.)

Auf Kosten der Nachbarn

Die Tschechoslowakei war bis in die 80er Jahre eine Macht des Weltfussballs. Erstmals reist die Slowakei nun alleine an eine Weltmeisterschaft.

Robert Vittek (l.) behauptet den Ball gegen Sloweniens Andrej Komac.

Prag, die «goldene Stadt», erlebt einen tiefschwarzen Tag am 1. April 2009. In der 83. Minute plumpst beim Länderspiel in der Generali-Arena der Ball ins Netz des Gastgebers. Tschechiens Nationalteam – in jüngerer Vergangenheit immerhin EM-Finalist – unterliegt der «kleinen Schwester» Slowakei 1:2. Für die Slowaken bedeutet der Triumph im Derby die Königsetappe auf dem Weg zur direkten WM-Qualifikation. Der ersten als unabhängige Nation.

Slowakische Kampfnaturen

Obwohl, im Palmarés der Slowaken stehen bereits zwei Vizeweltmeisterschaften (1934 und 1962), ein Europameistertitel 1976 sowie Olympia-Gold 1980. Diese Erfolge gehen allerdings allesamt auf die Ära der Tschechoslowakei zurück. Seit der Aufteilung 1993 verpasste die Slowakei drei WM-Qualifikationen in Folge. Dass der Slovensk futbalov zväz (Slowakischer Fussballverband) nun ohne Barrage das Südafrika-Ticket gelöst hat, steht stellvertretend für die steigenden Fussball-Aktien der (oft noch jungen) osteuropäischen Nationen. Die Slowaken präsentieren sich als aufsässiger Gegner, hart und unbequem wie eine sibirische Winternacht.

Die Mannschaft funktioniert als Kollektiv, dank Disziplin, Robustheit und Kampfkraft. In der Aufstellung finden sich keine Diven mit Millionengehalt, sondern Kampfnaturen, die auf dem Rasen ohne Murren die Drecksarbeit verrichten und sich für ihr Team zerreissen.

Symbolisch dafür steht das Heimspiel zwei Monate nach dem Triumph von Prag. Die Slowaken feierten gegen San Marino in Bratislava den höchsten Sieg ihrer Länderspiel-Geschichte. Mit 7:0 ballerten sie den Fussballzwerg vom Platz, die Tore erzielten dabei sechs verschiedene Spieler.

TEAMS

nach Südafrika

Der Star

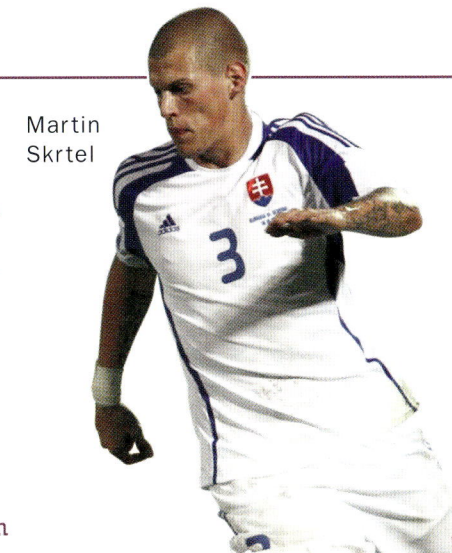

Auch die Slowakei hat ihren Philippe Senderos. Er heisst Martin Skrtel, ist gleich alt wie der Genfer, spielt auf derselben Position bei einem englischen Top-Verein – und hat dort ähnliche Probleme.

Meist zünden die Scheinwerfer der ehrwürdigen Anfield Road auf andere. Auf den Captain Steven Gerrard oder Europameister Fernando Torres. Und nicht auf die breiten Schultern des 25-jährigen Slowaken Martin Skrtel. 2008 überwies der FC Liverpool immerhin sechs Millionen Pfund an Zenit St. Petersburg für den bulligen Innenverteidiger, bei dem neben der Frisur auch der Karriere-Verlauf an Philippe Senderos erinnert. Bei den Top-Teams der Premier League braucht es für den Durchbruch neben Willen und harter Arbeit vor allem viel Geduld. Gegen die dicken Fische in der Liverpool-Abwehr hat Skrtel nach wie vor einen schweren Stand, die Stammplatzgarantie hat ihm Coach Rafa Benitez (noch) nicht bedingungslos zugesprochen. Im Nationalteam hingegen steht Skrtel als Turm in der Abwehr. Mit sechs Jahren begann der Junge aus Handlová mit Fussball. Dass Martin Skrtel damals auch als Eishockey-Junior die Blicke der Talentspäher auf sich zog, ist keine Überraschung – bei dieser Statur.

Martin Skrtel

Der Trainer

Man kriegt einen Jungen aus seinem Land, doch niemals das Land aus dem Jungen. 1993 verliess Vladimir Weiss die Slowakei in Richtung Tschechien, kehrte aber nach nur einer Saison zurück in die Heimatstadt Bratislava. Seit etwas mehr als einem Jahr nun steht der 31-fache Nationalspieler der slowakischen Landesauswahl vor. Die tadellose WM-Quali ist dabei fast schon eine Familienangelegenheit: Vladimir Weiss Junior, Sohn des 45-jährigen Coachs, ist Profi bei Manchester City und gehört zum Stamm der Nationalmannschaft.

Vladimir Weiss

Der Verband

Slowakischer Fussballverband
Gegründet: 1993
FIFA-Weltrangliste: 34.
Anzahl Vereine: 2432
Registrierte Fussballer: 428 968
Rekordspieler: Miroslav Karhan (90 Einsätze)
Rekordtorschütze: Szilard Nemeth (22 Tore)
Rekordmeister: Banska Bystrica
Grösste WM-Erfolge: WM-Zweiter 1934, 1962
Top-Torschütze in der WM-Qualifikation: Stanislav Sestak (6 Tore)

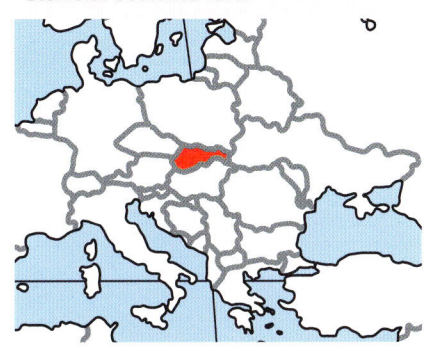

Die Wunsch-Elf

- Robert Vittek – OSC Lille
- Erik Jendrisek – 1. FC Kaiserslautern
- Stanislav Sestak – VfL Bochum
- Vladimir Weiss – Manchester City
- Marek Hamsik – SSC Neapel
- Zdeno Strba – Skoda Xanthi
- Radoslav Zabavnik – Terek Grozny
- Peter Pekarik – VfL Wolfsburg
- Jan Durica – Lokomotiv Moskau
- Martin Skrtel – FC Liverpool
- Jan Mucha – Legia Warschau

WM 2010

TEAMS **Brasilien**

Gruppe G

BRASILIEN – NORDKOREA	DI, 15.06.10	20.30	ELLIS PARK (JOH.)
BRASILIEN – ELFENBEINK.	SO, 20.06.10	20.30	SOCCER CITY (JOH.)
PORTUGAL – BRASILIEN	FR, 25.06.10	16.00	DURBAN

Brasiliens Lucio (M.) freut sich über sein Tor im Confed-Cup-Final gegen die USA.

Für Brasilien zählt nur der Titel

Nach dem frühen Ausscheiden an der WM 2006 sind die Brasilianer in Südafrika unter grossem Druck.

An der WM 2006 freute sich die ganze Welt auf Zauberfussball vom Feinsten mit dem «magischen Quadrat» Kaká, Ronaldinho, Ronaldo und Adriano. Doch obschon am Turinier phasenweise Samba-Fussball aufblitzte, scheiterte die Seleção bereits im Viertelfinal – wieder einmal an den Franzosen. Die Enttäuschung der anspruchsvollen Fans war riesig. Umso mehr wird die brasilianische Elf in Südafrika unter Druck stehen. Für die Brasilianer wird es wichtig sein, mit dem Favoritenstatus und dem Druck umzugehen. «Wir können nicht zulassen, dass sich dies negativ auswirkt, wie es in vergangenen Jahren der Fall war», warnt Real Madrids Superstar Kaká, gemeinsam mit Goalie Júlio César die Führungspersönlichkeit im Team.

Versöhnung mit den Fans
Den ersten Schritt Richtung WM-Titel tat die Seleção, als sie die WM-Quali souverän auf dem ersten Platz der Südamerika-Gruppe beendete. In 18 Spielen schoss Brasilien 33 Treffer und verlor nur zwei Partien. Einzig spielerisch vermochten die Südamerikaner nicht zu überzeugen. Besonders eine Serie torloser Unentschieden zu Hause gegen Argentinien, Bolivien und Kolumbien sorgte für grossen Unmut bei den Fans. Zwar brillierte die brasilianische Elf mit einer defensiven Stabilität, im Angriff indes fand das Team erst im Verlauf der Qualifikations-Rückrunde zu gewohnter Stärke zurück – und legte eine Serie von fünf Siegen in Folge hin. Für die definitive Versöhnung mit den Fans sorgte vor allem der 3:1-Sieg gegen Erzfeind Argentinien. «2009 war ein gutes Jahr für uns. Das Grösste ist, dass wir die Fans wieder auf unserer Seite haben», so Coach Carlos Dunga. Damit das auch weiterhin so bleibt, muss der fünfmalige Weltmeister nichts weiter zu tun, als noch einen Stern auf das gelb-grüne Trikot zu holen.

TEAMS

Der Verband

Brasilianischer Fussballverband
Gegründet: 1914
FIFA-Weltrangliste: 2.
Anzahl Vereine: 29 208
Registrierte Fussballer: 2 141 733
Rekordspieler: Cafu (142 Einsätze)
Rekordtorschütze: Pelé (77 Tore)
Rekordmeister: FC São Paulo
Grösste WM-Erfolge: Weltmeister 1958, 1962, 1970, 1994, 2002
Top-Torschütze in der WM-Qualifikation: Luis Fabiano (9 Tore)

Der Star

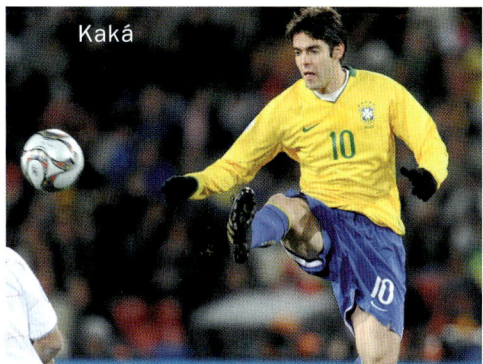

Kaká ist einer der besten Mittelfeldspieler der Welt und glänzt mit seiner Finesse, unnachahmlicher Dynamik, fantastischer Technik und Torgefahr. Doch auch ausserhalb des Platzes ist Kaká mit seiner bescheidenen Art ein echtes Idol und Vorbild. Nachdem der Ballzauberer 2003 zum besten Spieler der brasilianischen Liga gewählt wurde, wechselte er für 8,25 Millionen Euro zur AC Milan. In Italien spielte sich Kaká auf Anhieb in die Herzen der Tifosi. 2007 gewann der 27-Jährige mit Mailand die Champions League und wurde danach zum Fussballer des Jahres in Europa gewählt. 2009 erfüllte sich Kaká mit dem Wechsel zu Real Madrid seinen Traum. Die «Königlichen» mussten für die Dienste des Ausnahmekönners 65 Mio. Euro Ablöse bezahlen.

Mit der Seleção wurde Kaká, der aus einer wohlhabenden und gebildeten Familie stammt, 2002 Weltmeister, kam jedoch lediglich zu einem Kurzeinsatz in den Gruppenspielen. 2004 gewann er als Stamm- und Führungsspieler die Copa América und 2005 den Confederations Cup.

Der Trainer

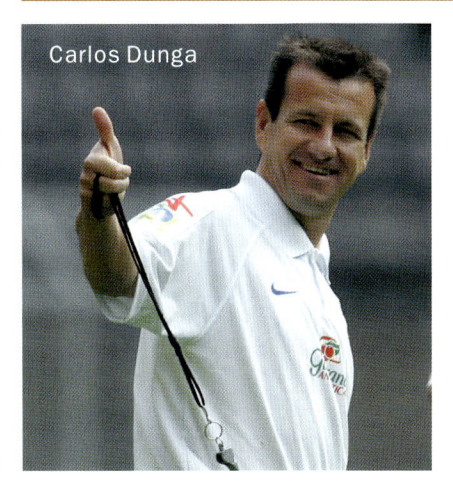

Seit August 2006 ist Carlos Caetano Bledorn Verri, kurz Dunga, Trainer der Seleção. Er übernahm nach der WM in Deutschland nach dem Rücktritt von Carlos Alberto Perreira das vakante Traineramt. Der 46-Jährige erlebte bereits als Spieler drei Weltmeisterschaften: 1990 wurde er als einer der Schuldigen für den enttäuschenden Auftritt der Brasilianer ausgemacht. Nur vier Jahre später hielt er aber den WM-Pokal in die Höhe. Sein Job als Coach der brasilianischen Elf ist sein erstes Traineramt, weshalb Dunga zu Beginn viel Kritik einstecken musste. Diese verstummte aber, nachdem die Seleção 2007 die Copa América und den Confederations Cup gewann – und sich später als Gruppenerster vorzeitig für die WM qualifizierte. Fest steht: Die Zeiten der Star-Allüren und des Zauberfussballs ohne Ergebnis sind vorbei, Teamgeist und Siegeswillen sollten wieder Einzug in die Seleção halten.

Die Wunsch-Elf

Robinho – Manchester City
Luis Fabiano – FC Sevilla
Felipe Melo – Juventus Turin
Kaká – Real Madrid
Elano – Galatasaray Istanbul
Gilberto Silva – Panathinaikos Athen
Luis Alvés – FC Barcelona
Maicón – Inter Mailand
Lúcio – Inter Mailand
Júan – AS Roma
Júlio César – Inter Mailand

WM 2010

TEAMS

Nordkorea

Gruppe G

BRASILIEN – NORDKOREA	DI, 15.06.10	20.30	ELLIS PARK (JOH.)
PORTUGAL – NORDKOREA	MO, 21.06.10	13.30	KAPSTADT
NORDKOREA – ELFENBEINK.	FR, 25.06.10	16.00	NELSPRUIT

Von der Welt isoliert – für die

Basler Leckerli für die Nordkoreaner nach deren Gastspiel in Basel.

Nordkorea und Fussball? Eigentlich kein Thema, man spricht eher über Nukleartests und Diktator Kim Jong-il. Doch die Asiaten sind zum zweiten Mal an einer WM dabei.

Kein Land auf dieser Erde schottet sich so von der Aussenwelt ab wie Nordkorea. Der «Star» ist Staatsoberhaupt Kim Jong-il. Seine Raketentests und die nukleare Aufrüstung sorgen weltweit für Gesprächsstoff. Da ging es fast unter, dass der Nationalsport Nummer eins, der Fussball, eine kleine Sensation schaffte. Erstmals seit 1966 qualifizierte sich das Nationalteam für eine WM, 2010 sind die Asiaten in Südafrika dabei.
«Als ich im Tor stand, fühlte ich mich, als verteidige ich die Grenze meines

Der Star

Tae-se Jong ist einer der wenigen Nordkoreaner, die sich aus dem abgeschotteten Land absetzen konnten. Der beste Fussballer Nordkoreas ist in der japanischen J-League für Kawasaki Frontale aktiv. Der Star der Nationalmannschaft ist ein Nachfahre von Koreanern, die während der japanischen Besetzung zwischen 1910 und 1945 nach Japan umgesiedelt wurden und sich nach der Teilung aus der Ferne zu Nordkorea bekannten.
Als der Stürmer in die nordkoreanische Nationalmannschaft berufen wurde, war er zunächst etwas geschockt: «Als ich mit meinen Mannschaftskameraden zusammentraf, hat mich der mangelnde Kampfgeist der Mannschaft anfänglich enttäuscht. Bei meinem Klub Frontale wird uns immer wieder gesagt, dass wir in jedem Spiel unser Bestes geben sollen. Am Anfang haben meine Teamkollegen die Sache zu sehr auf die leichte Schulter genommen.» Mittlerweile habe sich die Einstellung im Team Nordkoreas aber geändert, fügt Tae-se Jong an. Und so hofft der 25-Jährige, die Plattform Südafrika nutzen zu können, um sich irgendwann seinen Traum von der englischen Premier League erfüllen zu können.

Tae-se Jong

WM 2010

TEAMS

WM qualifiziert

Heimatlandes», gab Keeper Ri Myong Guk nach dem entscheidenden 0:0 gegen Saudi-Arabien zu Protokoll. Diese Aussage steht symbolisch für die Menschen in dem bitterarmen Staat: Pathos und Ehre werden grossgeschrieben, die Identifikation mit dem eigenen Land steht trotz Krise über allem.

Doch gerade diese Ausgrenzung macht es den Fussballern so schwierig. Der letzte ernsthafte Vergleich mit einem westlichen Team datiert aus dem Jahr 1993, damals siegten die Nordkoreaner mit 3:2 gegen Finnland. Ansonsten ist das Land aussen vor, die «restliche» Welt ist tabu. So gibt es in Nordkorea gerade einmal 5000 registrierte Fussballer.

Armee, Staat und Fussball fliessen übergangslos ineinander. Es gibt keine Profis, die «Stars» sind vielmehr beim Militär oder der Polizei angestellt. Die Klubs werden von Ministerien kontrolliert, gehorsam ist Trumpf. Die Restriktionen gegen Kim Jong-il und sein Regime treffen auch den Vereinsfussball ins Mark. Nordkorea ist von allen internationalen Wettbewerben – wie der asiatischen Champions League – ausgeschlossen, Vergleiche mit anderen Ländern, und damit auch wertvolle Erfahrungen für die Spieler, sind nicht möglich.

Nur drei Spieler im Ausland

Immerhin brachte die Fussball-Leidenschaft von Kim Jong-il ein wenig Besserung. So spielen bereits drei Nationalspieler in Russland (FK Rostov), Japan (Kawasaki Frontale) und Südkorea (Suwon Samsung). Dazu sorgte in der letzten Saison Concordia Basel für einen Paukenschlag, als sich der Klub die exklusiven Transferrechte für nordkoreanische Spieler sicherte und in Kuk Jin Kim und Chol Ryong Pak zwei U-Nationalspieler verpflichtete. Inzwischen musste Concordia zwangsabsteigen. Mittelfeldmann Kim darf beim FC Wil weiterspielen. Und daheim in Pjöngjang wird weiter an der Konkurrenzfähigkeit gebastelt.

Und dennoch bleibt Nordkorea Niemandsland. Eine Sportwelt ohne internationale Vergleiche, ein Volk ohne Internet, ohne Infos. Es ist eine andere Welt, dieses Nordkorea. ■

Der Verband

Nordkoreanischer Fussballverband
Gegründet: 1945
FIFA-Weltrangliste: 84.
Anzahl Vereine: 91
Registrierte Fussballer: 14 912
Rekordspieler: Kim Yong-Jun (48 Einsätze)
Rekordtorschütze: Tae-se Jong (12 Tore)
Rekordmeister: April 25
Grösste WM-Erfolge: WM-Viertelfinal 1966
Top-Torschütze in der WM-Qualifikation: Yong Jo Hong, Choi Min Jong (je 4 Tore)

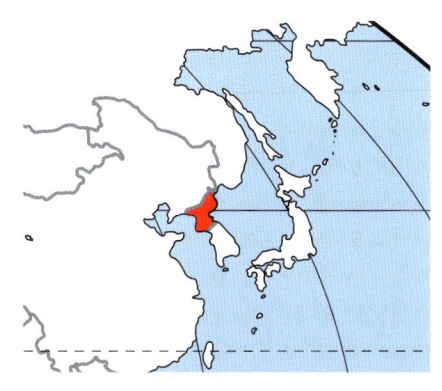

Der Trainer

Als die Nationalmannschaft Nordkoreas ihren bisher grössten internationalen Erfolg feierte, war der heutige Trainer Kim Jong-Hun gerademal zehn Jahre alt. 1966 an der WM in England erreichten die Asiaten sensationell den Viertelfinal. 44 Jahre danach will Kim Jong-Hun an den Exploit von einst anknüpfen: «Wir sind zuversichtlich, dass wir mit den besten Mannschaften der Welt mithalten können.»

Der 54-jährige Trainer wird sein Team an der WM voll auf Defensive trimmen. «Bei Auswärtsspielen haben wir uns auf für eine defensive Spielweise entschieden, die auf Konter ausgelegt ist», sagte Kim Jong-Hun. Seinen grossen Auftritt hatte der Coach im April 2009, als er nach der Niederlage in Südkorea behauptete, drei seiner besten Akteure seien von den Gastgebern vergiftet worden.

Kim Jong-Hun

Die Wunsch-Elf

- **Nam-Chol Pak** – April 25 SG
- **Tae-se Jong** – Kawasaki Frontale
- **In-Guk Mun** – April 25 SG
- **Yun-Nam Ji** – April 25 SG
- **Yong-Hak An** – Suwon Blue Wings
- **Yong-Jo Hong** – FK Rostov
- **Jun-Il Ri** – unbekannt
- **Kwang-Chon Ri** – April 25 SG
- **Jong-Hyok Cha** – Amrokgang SG
- **Chol-Jin Pak** – Amrokgang SG
- **Myong-Guk Ri** – Pyöngyang CSG

WM 2010

TEAMS

Elfenbeinküste

Gruppe G

ELFENBEINK. – PORTUGAL	DI, 15.06.10	16.00	NELSON MANDELA BAY
BRASILIEN – ELFENBEINK.	SO, 20.06.10	20.30	SOCCER CITY (JOH.)
NORDKOREA – ELFENBEINK.	FR, 25.06.10	16.00	NELSPRUIT

Die «Elefanten» – Afrikas Nummer 1

Die Elfenbeinküste ist nach 2006 zum zweiten Mal für eine WM qualifiziert – mit einem Team, das als das zurzeit beste des Kontinents gilt.

Yaya Touré (l.) und Suleymane Bamba (M.) gegen Lukas Podolski.

Das Aufgebot des bosnischen Trainers Vahid Halilhodzic strotzt nur so vor bekannten Namen. Angeführt wird das Kader von Superstar Didier Drogba (Chelsea). Weitere namhafte Akteure sind Emmanuel Eboué (Arsenal), Salomon Kalou (Chelsea), Yaya Touré (FC Barcelona), Yayas älterer Bruder Kolo Touré (Manchester City) und Guy Demel (Hamburger SV). Nur die drei potentiellen WM-Torhüter sind nicht bei europäischen Grossklubs unter Vertrag, was Indiz auf einen möglichen Schwachpunkt der Mannschaft ist.

An technischer Fertigkeit und Athletik fehlt es den «Elefanten» nicht. Und doch sind vor allem zwei Fragezeichen zu setzen: Ist die Mannschaft unter dem Druck eines grossen Turniers auch geschlossen genug? Denn wie oft haben interner Zwist und entsprechend mangelnde mannschaftliche Homogenität dazu geführt, dass Afrikaner nicht ihrem Potential entsprechend abschnitten? Ob da notfalls Drogbas Leadership reicht?

Doumbias erste Schritte

Für den entscheidenden Punktgewinn der Ivorer sorgte Drogba mit seinem Treffer zum 1:1 in Malawi. Seydou Doumbia sass bei der Eroberung des WM-Tickets auf der Ersatzbank. Der Goalgetter der Young Boys Bern war für dieses Spiel zum ersten Mal für die Nationalmannschaft der Elfenbeinküste aufgeboten worden. Seit seinem ersten Länderspieltor nach tollem Solo beim 2:2 im WM-Test gegen Deutschland hat «Bummbia» gute Karten, an der WM dabei zu sein. Bei der ersten WM-Teilnahme 2006 in Deutschland wurde der Geheimfavorit unter Wert geschlagen. Nun nimmt die Elfenbeinküste die WM-Endrunde im Kreis der erweiterten Mitfavoriten in Angriff. Kamerun schaffte 1990, angeführt vom legendären Roger Milla, als erster afrikanischer Vertreter den Einzug in ein WM-Viertelfinal. Zwölf Jahre später gelang Senegal derselbe Exploit. Vielleicht stampfen die «Elefanten» noch eine Stufe höher.

TEAMS

Der Verband

Ivorischer Fussballverband
Gegründet: 1860
FIFA-Weltrangliste: 16.
Anzahl Vereine: 220
Registrierte Fussballer: 23 200
Rekordspieler: Didier Zokora (83 Einsätze)
Rekordtorschütze: Didier Drogba (42 Tore)
Rekordmeister: ASEC Mimosas
Grösste WM-Erfolge: WM-Vorrunde 2006
Top-Torschütze in der WM-Qualifikation: Didier Drogba (6 Tore)

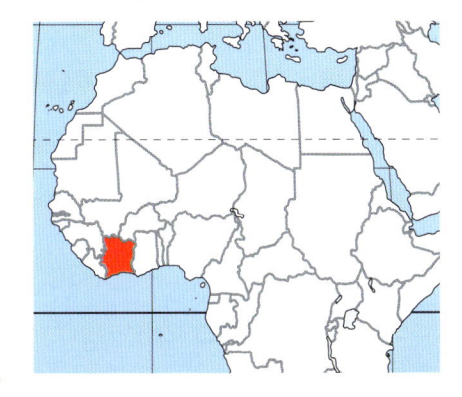

Der Trainer

Alex Frei kennt den Trainer der Ivorer aus seiner Zeit bei Rennes. Der Nati-Captain erinnert sich: «Er ist ein Trainer, der dir ins Gesicht sagt, was er denkt.» Ein harter Hund soll er sein, dieser Halilhodzic. 1991 sass er auf der Terrasse seiner Brasserie in Mostar, erzählte er in «Paris Match». Plötzlich hört er in der Ferne Schüsse. Seine Frau ruft an. Sie schreit: «Der Krieg hat begonnen, Soldaten schiessen!» Zwei Monate später beginnt der richtige Balkan-Krieg. Frau und Kinder schickt er nach Frankreich. Er bleibt vorerst in Mostar, wo er später im Oberschenkel angeschossen wird. Was der ehemalige Starfussballer der jugoslawischen Nationalmannschaft aufgebaut hat, wird zerstört: Die Brasserie, die Konditorei, sein Kleiderladen, sein Haus. Er flüchtet nach Frankreich, wo er seine Trainer-Karriere startet, coacht Lille, Rennes und Paris, wo er Hakan Yakin einsam Runden drehen lässt. Seit Juni 2008 ist er Dompteur der «Elefanten».

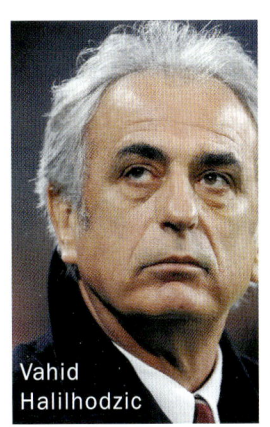

Vahid Halilhodzic

Der Star

Via Satellit ist die Bundesliga überall zu sehen. Auch in Abidjan, der Millionen-Metropole der Elfenbeinküste. Wer in der Lagunen-Stadt die Auftritte der Bundesliga-Stars verfolgt, genehmigt sich mitunter ein «Drogba» – so heisst das Bier, das nach dem Chelsea-Stürmer und ivorischen Volkshelden benannt ist.

Drogba selbst verpasste in seiner Jugend am TV kaum ein Bundesliga-Spiel. In einem «Sportbild»-Interview erklärte der Sturmtank: «Ich verfolgte aufmerksam den Weg von Dortmund, vor allem, weil mir Stéphane Chapuisat imponierte. Ich werde nie den Champions-League-Final von 1997 vergessen, als Dortmund gegen Juventus Turin 3:1 gewann.»

Im Jahr danach bekam Didier seinen ersten Profivertrag, noch als Verteidiger bei Le Mans. Bald wurde sein Talent für die Offensive erkannt, und in der Folge ging es Schlag auf Schlag: Für 1,2 Millionen Franken zu Guingamp, für 12,8 Millionen zu Marseille und für 60 Millionen zu Chelsea.

Didier Drogba

Die Wunsch-Elf

Salomon Kalou – FC Chelsea
Didier Drogba – FC Chelsea
Yaya Touré – FC Barcelona
Emmanuel Eboué – Arsenal London
Didier Zokora – FC Sevilla
Romaric – FC Sevilla
Arthur Boka – VfB Stuttgart
Guy Demel – Hamburger SV
Siaka Tiéné – FC Valenciennes
Kolo Touré – Manchester City
Copa – KSC Lokeren

WM 2010

TEAMS
Portugal

Gruppe G

ELFENBEINK. – PORTUGAL	DI, 15.06.10	16.00	NELSON MANDELA BAY
PORTUGAL – NORDKOREA	MO, 21.06.10	13.30	KAPSTADT
PORTUGAL – BRASILIEN	FR, 25.06.10	16.00	DURBAN

Star-Ensemble auf der Suche

Mit viel Glück schaffte Portugal den Sprung nach Südafrika. Nicht nur Cristiano Ronaldo enttäuschte. Carlos Queiroz muss aus seinen Stars ein Team formen.

Dass Portugal nach 1966, 1986, 2002 und 2006 zum fünften Mal an eine WM fahren darf, grenzt fast schon an ein Wunder. Drei Spieltage vor Ende der WM-Qualifikation stand die «Seleção» nur auf dem vierten Platz. Nur durch Schützenhilfe der Dänen, die die Schweden am vorletzten Spieltag mit 1:0 besiegten, rettete sich Portugal auf den zweiten Gruppenplatz und somit in die Relegation. Ohne ihren Superstar Cristiano Ronaldo erkämpfte sich Portugal dann doch noch die WM-Teilnahme gegen Bosnien.

Die grossen Probleme der Portugiesen auf dem Weg zur WM waren eng verbunden mit den Schwierigkeiten Ronaldos, mit der Nationalmannschaft ähnlich gute Leistungen abzuliefern wie auf Klub-Ebene. In den letzten zwei Jahren erzielte der Star von Real Madrid mickrige zwei Törchen für sein Land. In der Quali zur WM 2010 war er kein einziges Mal erfolgreich. Die mässigen Leistungen der Mannschaft von Coach Carlos Queiroz nur Ronaldo in die Schuhe zu schieben, wäre aber zu einfach. Zu gross sind die Namen seiner Mannschaftskollegen und deren Klubs. Deco und Ricardo Carvalho sind beim FC Chelsea gesetzt, Pepe hält die Abwehr Real Madrids zusammen, Nani wirbelt bei Manchester United. Dazu bringen Simao (Atletico Madrid), Tiago (Juventus Turin) und Hugo Almeida (Werder Bremen) in Europas Top-Klubs regelmässig gute Leistungen.

Heim-Debakel in der Quali

Ein halbes Jahr hat Queiroz noch Zeit, seine Stars zu einem gut funktionierenden Team zu formen. Bislang besteht Portugals Nationalteam bloss aus überragenden Einzelkönnern, die gemeinsam nicht harmonieren. Vor allem auf heimischen Boden war Portugal in der WM-Qualifikation die reinste Enttäuschung. Einer 2:3-Heim-

Der Star

Eigentlich ist alles gesagt über den Mann der Superlative. Bester, teuerster und eitelster Spieler des Planeten. Und doch spielt der Supermann des Weltfussballs in seiner Nationalmannschaft eher eine untergeordnete Rolle. Für die knappe WM-Qualifikation seines Landes trug Ronaldo nicht sonderlich viel bei, zumindest kein einziges Tor. Der Top-Star von Real Madrid wird an der WM-Endrunde trotzdem im Mittelpunkt des Interesses stehen. Seinen Einstand in der «Seleção» gab Ronaldo als 17-Jähriger, damals beim 1:0 gegen Kasachstan. Seit 2004 gehörte Portugal, auch dank Ronaldo, an grossen Turnieren eigentlich immer zum erweiterten Favoritenkreis. Für die WM 2010 gilt das nicht mehr, zu enttäuschend waren die Leistungen Ronaldos und seines Teams in den letzten Monaten. Eine Stärke des Portugiesen ist wohlgemerkt, bei den grossen und wichtigen Spielen da zu sein und auch seine Tore zu machen. Vielleicht spornt ihn das WM-Rampenlicht zu neuen Höchstleistungen an.

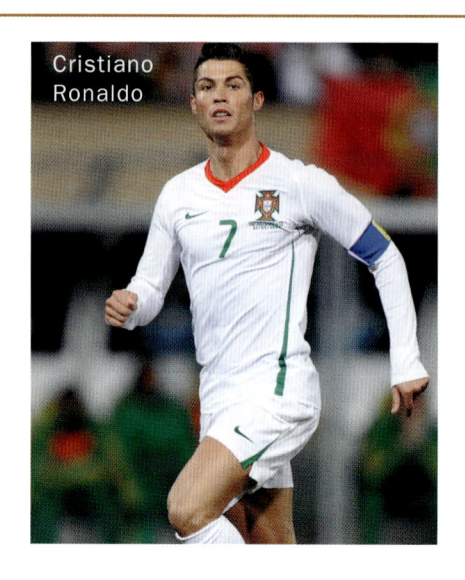

TEAMS

nach Teamgeist

Der Verband

Portugiesischer Fussballverband
Gegründet: 1914
FIFA-Weltrangliste: 5.
Anzahl Vereine: 2748
Registrierte Fussballer: 132 734
Rekordspieler: Luís Figo (127 Einsätze)
Rekordtorschütze: Pauleta (47 Tore)
Rekordmeister: Benfica Lissabon
Grösste WM-Erfolge: WM-Dritter 1966
Top-Torschütze in der WM-Qualifikation: Simao (4 Tore)

Portugiesischer Jubel über ein Tor von João Moutinho (10).

niederlage gegen Dänemark folgten zwei torlose Unentschieden gegen Albanien und Schweden. Sein erstes Heimspiel gewann die Queiroz-Elf erst im Oktober 2009 (!) gegen Ungarn.

Um wie an der WM 2006 in den Halbfinal vorzustossen, werden «Europas Brasilianer» ihre Lethargie der Qualifikation ablegen müssen. So wie Ronaldo seine Torflaute.

Der Trainer

Bevor Carlos Queiroz das Amt des portugiesischen Nationaltrainers von Luis Felipe Scolari übernahm, war der 56-Jährige hauptsächlich als hervorragender Nachwuchstrainer bekannt. Neben dem Europameistertitel 1989 mit Portugals U17 gewann er im selben Jahr auch noch die WM mit der U20 der Iberer. 1991 wiederholte er den WM-Exploit und gilt seitdem als der eigentliche Entdecker von Portugals «Goldener Generation» um Luis Figo, Rui Costa und Co. Der in Mosambik geborene Fussball-Lehrer führte 2002 mit Südafrika schon mal eine Mannschaft an die WM, trat jedoch kurz vor dem Turnier zurück. Auch den englischen Fussball kennt Queiroz sehr gut. Als Co-Trainer von Sir Alex Ferguson sass der Portugiese zwischen 2002 und 2008 auf der ManU-Bank.

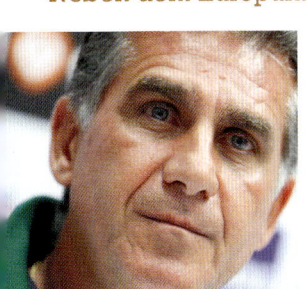

Carlos Queiroz

Die Wunsch-Elf

- **Simao** – Atletico Madrid
- **Liédson** – Sporting Lissabon
- **Cristiano Ronaldo** – Real Madrid
- **Nani** – Manchester United
- **Tiago** – Juventus Turin
- **Deco** – FC Chelsea
- **Bruno Alves** – FC Porto
- **Paulo Ferreira** – FC Chelsea
- **Ricardo Carvalho** – FC Chelsea
- **Pepe** – Real Madrid
- **Eduardo** – Sporting Braga

WM 2010

TEAMS

Spanien

Gruppe H

SPANIEN – SCHWEIZ	MI, 16.06.10	16.00	DURBAN
SPANIEN – HONDURAS	MO, 21.06.10	20.30	ELLIS PARK (JOH.)
CHILE – SPANIEN	FR, 25.06.10	20.30	PRETORIA

Wer kann den Europameister

«La furia roja» verlor in der Qualifikation zur WM kein einziges Spiel – und gilt als grosser Favorit.

«La furia roja» war nach der WM-Qualifikation seit 39 Spielen ungeschlagen – und gilt als der grösste Favorit für die WM.

Nach 44 Jahren ohne grossen Titel wurde Spanien 2008 Europameister. Damit setzte sich das offensiv-, kombinations- und laufstärkste Team der EURO 08 durch. Die Iberer begeisterten mit ihrem «Tiqui-Taca»-Kombinationsfussball: Nicht Kraft, Tempo oder Wucht standen dabei im Mittelpunkt, sondern die Lust am Spiel und die Kunst am Ball.

«Dieser Sieg ist ein Katalysator für ein neues Einheitsgefühl», schrieb die Tageszeitung «El Mundo».

Und tatsächlich: Der Europameister-Titel einte das ganze Land, wie es kein anderes Ereignis der vergangenen Jahrzehnte vermochte. Sogar die unter General Franco jahrzehntelang unterdrückten Basken und Katalanen feiern in dieser Nacht mit. Vergessen waren die Forderun-

Der Trainer

Vicente del Bosque steht für Erfolg. Bereits als Jugendlicher spielte er für Real Madrid und gewann mit den Madrilenen als Spieler fünf Meistertitel und vier spanische Cups. Für das Nationalteam lief er 18 Mal auf. Noch erfolgreicher war der 57-Jährige als Coach der «Königlichen»: Mit Superstars wie Luis Figo, Zinedine Zidane und Roberto Carlos holte er sieben Meistertitel, fünf spanische Cups, zwei Champions-League-Titel und den Weltcup und bewies, dass er auch mit schwierigen Teams Erfolg haben kann. Im Juli 2008 trat Del Bosque die Nachfolge von Luis Aragonés an, der wegen seines provokativen Charakters oft kritisiert wurde. Ganz im Gegensatz zum neuen spanischem Coach: Zurückhaltung, Ruhe und Geduld zeichnen Del Bosque aus.

Seit Juli 2008 spanischer Coach: Vicente del Bosque.

WM 2010

TEAMS

stoppen?

gen nach eigenen Nationalteams und nach eigenen Nationalhymnen für ihre Regionen.

Bisher wurden die Niederlagen der «selección» damit erklärt, dass Spanien ein Land der Klubs sei, ein Haufen ausgezeichneter Einzelkämpfer und verfeindeter Vereine. An der EURO 08 war ein Eigenleben der baskischen oder katalanischen Spieler aber nie ein Thema, obschon die Journalisten um Team-Chef Luis Aragonés ständig nach einem solchen suchten.

Mit Carles Puyol, Andrés Iniesta und Xavi waren – sehr untypisch – lediglich drei Spieler des FC Barcelona im Nationalkader. Von Erzfeind Real Madrid waren gar nur Captain Iker Casillas und der Verteidiger Sergio Ramos mit dabei. Dafür stellten Klubs wie Villarreal, Getafe und der FC Sevilla ihre Nationalspieler.

Somit bildeten die EM-Sieger die heterogenste und erfolgreichste spanische Mannschaft aller Zeiten. Die alte Volksweisheit «Never change a winning team» beeinflusste auch den neuen spanischen Trainer Vicente del Bosque. Zwar wurde anfangs gemunkelt, dass seine Vergangenheit bei Real Madrid dazu führen könnte, dass Spieler der «Königlichen» bevorzugt werden und somit das neue «Wir-Gefühl» getrübt werden könnte. Doch der clevere Coach behielt die Basis des Teams und integrierte nur einzelne junge Akteuere.

Und so beeindruckt die «furia roja» weiterhin mit ihrem schnellen und erfolgreichen Kombinations-Fussball – und reist mit einer Super-Serie von 39 Siegen, 3 Unentschieden und nur 1 Niederlage aus den vergangenen drei Jahren an die Weltmeisterschaft nach Südafrika.

Auch in der Weltrangliste liegt der EM-Champion klar vor Deutschland auf Rang 1. Keine Frage: Spanien ist der grosse WM-Favorit. ■

Der Star

Iker Casillas

«Iker, Iker, Iker!» Das ist wohl einer der meistgesungenen Jubel-Songs der Real-Madrid-Fans. Sie gelten ihrem Goalie: Iker Casillas. Der gebürtige Madrilene aus dem Vorort Mostoles ist nicht nur beliebt wegen seiner spektakulären Paraden, sondern weil er ohne Allüren geblieben ist. «Ich bin kein Galaktischer. Ich bin aus Mostoles», wurde gar zu einem Werbespruch.

Mit nur 18 Jahren verdrängte er den deutschen Weltmeister-Torwart Bodo Illgner – und ist seither der Herrscher des Real-Tors. Die Stärken des 28-Jährigen liegen in seinen Reflexen und in allen Eins-gegen-Eins-Situationen – wo er im Angesicht von Stürmern lange und furchtlos stehen bleibt. Sein erstes Länderspiel feierte Casillas 2000 und war an der WM 2002 und der EURO 04 Spaniens jüngster Stammkeeper. Heute ist er die unumstrittene Nummer 1 und der Captain des spanischen Teams.

Der Verband

Spanischer Fussballverein
Gegründet: 1913
FIFA-Weltrangliste: 1.
Anzahl Vereine: 18 190
Registrierte Fussballer: 653 190
Rekordspieler: Andoni Zubizarreta (126 Einsätze)
Rekordtorschütze: Raúl González (44 Tore)
Rekordmeister: Real Madrid
Grösste Erfolge: WM-Vierter 1950
Top-Torschütze in der WM-Qualifikation: David Villa (7 Tore)

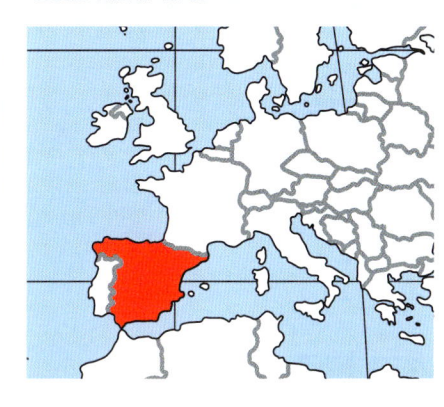

Die Wunsch-Elf

David Villa – FC Valencia
Fernando Torres – FC Liverpool
Xavi – FC Barcelona
Andrés Iniesta – FC Barcelona
Xabi Alonso – Real Madrid
Marcos Senna – FC Villareal
Raúl Albiol – Real Madrid
Sergio Ramos – Real Madrid
Gerard Piqué – FC Barcelona
Joan Capdevila – FC Villareal
Iker Casillas – Real Madrid

WM 2010

TEAMS
Schweiz
Gruppe H

SPANIEN – SCHWEIZ	MI, 16.06.10	16.00	DURBAN
CHILE – SCHWEIZ	MO, 21.06.10	16.00	NELSON MANDELA BAY
SCHWEIZ – HONDURAS	FR, 25.06.10	20.30	BLOEMFONTEIN

Gelson Fernandes (r.) behauptet den Ball gegen Israel.

Die Zeit

Nach 56 Jahren will die Schweizer Nationalmannschaft endlich wieder ein WM-Viertelfinal erreichen. Unter Ottmar Hitzfeld scheint dieses Ziel realistisch wie lange nicht.

Wir wollen Weltmeister werden! Nun ja, aber wer will das schon nicht? Tatsache ist, dass sich in der Schweizer Nationalmannschaft eine positive Mentalität etabliert hat, ein gesundes Selbstvertrauen, das zuletzt in entscheidenden Momenten zum Erfolg führt. Trotzdem, man muss realistisch bleiben. Oder? Kaum ist das Echo der Jubelstürme ausgeklungen, setzt das Gejammer

Der Star

Die Heim-EM 2008 dauerte für Alex Frei 39 Minuten, dann beendete eine Knieverletzung die grossen Pläne des Nati-Kapitäns. Südafrika soll für das Verpasste entschädigen. Und Alex Frei hat hohe Ambitionen für die WM. Da sind einerseits die Fakten. Schweizer Rekordtorschütze, 40 Treffer in 73 Länderspielen. Superstar in der Bundesliga, 34 Tore in 74 Einsätzen für Borussia Dortmund. Topskorer in Frankreichs Ligue 1, 47 Goals in 100 Partien mit Stade Rennes. Da sind aber auch: eine Spuckaffäre, diverse Zerwürfnisse mit Trainern und Mitspielern, Platzverweise, zuletzt ein Ausraster gegen Nati-Kollegen Vonlanthen.

Alex Frei

Damit die launische Tormaschine Alex Frei in die Gänge kommt, braucht sie als Treibstoff den Rückhalt aus dem Umfeld, braucht das Vertrauen des Trainers, die Solidarität der Fans. In Basel hat er alles gefunden, und erst noch seinen Jugendkollegen Marco Streller als Sturmpartner. Und spätestens von Ottmar Hitzfeld hat Frei gelernt, auch auf die provokativen Fragen der Journalisten die richtigen Antworten zu geben. Was aber nicht heisst, dass der 30-Jährige jetzt leise Töne spuckt. Nein, für den Schweizer Fussball bedeutet Alex Frei den Abschied vom Understatement. Und das ist gut so.

WM 2010

TEAMS

ist reif für mehr

Der Trainer

Ottmar Hitzfeld

Hier die strikte, erfolgsorientierte Respektperson Ottmar Hitzfeld – dort die Vaterfigur Köbi Kuhn. Hitzfeld hat als Trainer fast alles gewonnen: Champions League, Deutsche Meisterschaften, DFB-Cup, Schweizer Meisterschaften, Schweizer Cup und sogar einen Weltpokal. Köbi Kuhn hat als Trainer, genau genommen, gar nichts gewonnen. Aber eins haben beide gemeinsam: Sie brachten die Schweiz an eine Weltmeisterschaft – wenn auch mit völlig unterschiedlichen Arbeitsweisen. Hitzfeld soll die Schweiz zur Winnermentalität trimmen, soll auf dem von Kuhn gelegten Fundament ein Team bauen, das an grossen Turnieren nicht einfach nur mitspielt. Hitzfeld soll der Schweiz lehren, wie man seine Chance packt. Bis jetzt hat's ganz gut geklappt.

ein. So läuft das mit den Schweizer Fussballern an grossen Turnieren. 1994: chancenlos im WM-Achtelfinal gegen Spanien nach starker Gruppenphase. 1996: EM-Out in der Vorrunde nach dem 1:1 gegen Gastgeber England im Eröffnungsspiel. 2004: souveräne EM-Qualifikation, aber wieder keine Achtelfinals. 2006: ungeschlagen in die Achtelfinals, dann Penalty-Pleite gegen die Ukraine nach null verwandelten Strafstössen. Und an der EM im eigenen Land? Ebenfalls nichts Zählbares. Aber jetzt wird alles anders. Hoffentlich. Zwar beschwor die Sportpresse schon ein Waterloo des Schweizer Fussballs herauf nach dem 1:2-Debakel gegen Fussball-Zwerg Luxemburg zum Quali-Auftakt. Doch General Hitzfeld und seine Besatzung rissen das Ruder herum, brachten das Schweizer Flaggschiff auf WM-Kurs und die direkte Qualifikation doch noch ins Trockene. Vor allem, weil die Mannschaft bei den Big Points – etwa in Griechenland oder zum Schluss gegen Israel – die Nerven behielt.

Spieler in Top-Ligen
Am Personal soll das Unternehmen WM für Ottmar Hitzfeld nicht scheitern: Blaise N'Kufo schiesst bei Twente Enschede die Gegner im Alleingang ab. Diego Benaglio hexte Wolfsburg zur deutschen Meisterschaft. Christoph Spycher ist der Leitwolf in Frankfurt, Pirmin Schwegler auf dem Weg dorthin. Eren Derdiyok gehört zu den Senkrechtstartern der Bundesliga. Gökhan Inler und Marco Padalino etablieren sich in Top-Teams der Serie A. Und Hitzfelds neuer Liebling, Stéphane Grichting, stand mit AJ Auxerre Ende November an der Tabellenspitze der Ligue 1. Dass die Schweiz gegen die Giganten des Weltfussballs bestehen kann, hat die Mannschaft mehrmals angedeutet. Jetzt muss sie zeigen, dass sie auch gewinnen kann.

Der Verband

Schweizerischer Fussballverband
Gegründet: 1895
FIFA-Weltrangliste: 13
Anzahl Vereine: 1806
Anzahl aktive Fussballer: 232 700
Rekordspieler: Heinz Hermann (117 Einsätze)
Rekordtorschütze: Alex Frei (40 Tore)
Rekordmeister: Grasshopper Club Zürich
Grösste WM-Erfolge: WM-Viertelfinal 1934, 38, 54
Top-Torschütze in der WM-Qualifikation: Blaise Nkufo, Alex Frei (je 5 Tore)

Die Wunsch-Elf

Alex Frei – FC Basel
Blaise N'Kufo – Twente Enschede
Tranquillo Barnetta – Bayer Leverkusen
Marco Padalino – Sampdoria Genua
Gökhan Inler – Udinese Calcio
Benjamin Huggel – FC Basel
Christoph Spycher – Eintracht Frankfurt
Stephan Lichtsteiner – Lazio Rom
Stéphane Grichting – AJ Auxerre
Philippe Senderos – Arsenal London
Diego Benaglio – VfL Wolfsburg

WM 2010

TEAMS

Honduras

Gruppe H

HONDURAS – CHILE	MI, 16.06.10	13.30	NELSPRUIT
SPANIEN – HONDURAS	MO, 21.06.10	20.30	ELLIS PARK (JOH.)
SCHWEIZ – HONDURAS	FR, 25.06.10	20.30	BLOEMFONTEIN

Fussball gegen die Narben

Ein Grossteil der Bevölkerung von Honduras lebt unter der Armutsgrenze. Die Fussballer des Landes können an der WM ein wenig Hoffnung spenden.

Goalie Noel Valladares (o. r.) ist mit 1,79 m einer der Kleinsten im Team.

Wer Recherchen über Honduras anstellt, hat die Wahl zwischen Ferienkatalogen und den Ausland-Seiten seriöser Tageszeitungen. Bis jetzt. Denn spätestens nächsten Sommer wird die karibische Republik zusätzlich im Sportteil auftauchen. Und in Sachen Feiern ist Honduras schon ganz vorne dabei. Den 15. Oktober 2009 erklärt die Übergangsregierung von Honduras

Der Star

Von einem Star-Coach entdeckt, von Entführern erpresst, für Millionen verkauft – der honduranische Mittelfeldmotor Wilson Palacios ist ein Mann des Spektakels. Was für ihn nicht immer angenehm ist.
Während die halbe USA am 31. Oktober in Halloween-Kostümen durch die Dörfer rennt, feiert Lateinamerika den «día de los muertos» – den Tag der Toten. Zum Feiern war Wilson Palacios allerdings gar nicht zumute, als er am 31. Oktober 2007 folgende Nachricht erhielt: Sein jüngster Bruder, damals 15-jährig, wurde von fünf bewaffneten Männern aus dem Haus der Familie entführt. Wilson Palacios, auf Empfehlung von Arsenal-General

Arsène Wenger bei Birmingham unter Vertrag, flog umgehend in die Heimat. Später meldete die englische Presse, die Freiheit des Jungen hätte 125 000 Pfund gekostet.
Zwei Jahre nach dem Drama war eine weitaus höhere Summe im Spiel: Einen Betrag zwischen 12 und 14 Millionen Pfund bezahlten die Spurs aus Tottenham für den robusten Allrounder Palacios. Ein stattlicher Betrag, selbst für Premier-League-Verhältnisse. Allerdings eine Investition, die sich gelohnt hat: Wilson Palacios füttert die Spurs-Stürmer Robbie Keane, Peter Crouch und Jermain Defoe regelmässig mit seiner Spezialität: honduranischen Zuckerpässen.

Wilson Palacios

TEAMS

der Armut

Der Trainer

Ein Punkt aus fünf Spielen, das ist ziemlich wenig. Erst recht für eine kolumbianische Nationalmannschaft in der WM-Qualifikation. Als Massnahme sah sich Reynaldo Rueda 2005 vom Nachwuchstrainer direkt zum A-Nationalcoach befördert. Zuvor hatte er mit der U20 einmal WM-Bronze gewonnen und war mit seinen Jugendauswahlen immer wieder positiv aufgefallen. Der George Clooney der lateinamerikanischen Fussballfelder verpasste die WM 2006 trotzdem um einen Zähler. Und weil die kolumbianische Verbandspolitik nicht unbedingt auf Geduld und Toleranz beruht, musste der heute 52-jährige Rueda seinen Arbeitsplatz räumen. Wenig später nahm er in Honduras das Projekt Südafrika in Angriff – und schaffte das Kunststück der WM-Qualifikation im ersten Anlauf.

Reynaldo Rueda

kurzerhand zum nationalen Feiertag. Weite Teile des Landes taumeln an diesem Datum in den Ausnahmezustand, nachdem Carlos Pavón – mit seinen 36 Jahren aus fussballerischer Perspektive gesehen fast schon ein Frührentner – seine Nationalmannschaft mit dem 1:0-Siegtreffer gegen El Salvador an die Weltmeisterschaft geballert hat. Am allerletzten Spieltag der Mittelamerika-Gruppe und erst zum zweiten Mal nach 1982.

Die rauschenden Feierlichkeiten allerdings, sie sind nur ein kleines Trostpflaster auf den von den Narben der Armut zerfurchten Alltag der Bevölkerung. Von den sieben Millionen Einwohnern leben gemäss Schätzungen von Hilfsorganisationen über 70 Prozent unter der Armutsgrenze. In den dunklen Seitenstrassen von Tegucigalpa und den anderen Grossstädten treiben Jugendgangs wie die berüchtigte «Mara 18» ihre blutigen Geschäfte – Drogen, Erpressung, Bandenkriege. Und selbst wenn die Atlantik-Strände zunehmend mit herausgeputzten Hotels für Pauschaltouristen verbaut werden – zwischen den Luxustempeln platzen die Slums immer noch aus allen Nähten.

Problemfaktor Nummer zwei ist die Landesregierung: Regierungschef Manuel Zelaya sieht sich im Juni 2009 in einer Hollywood-tauglichen Blitzaktion ins Exil nach Costa Rica ausgeflogen. Im September kehrt er ins Land zurück und findet Asyl in der brasilianischen Botschaft. Dem Militärputsch folgt Ende November die neuerliche Präsidentenwahl, die im Chaos zu enden droht. Wenn Honduras an der WM nur halb so spektakulär spielt, wie seine jüngste Geschichte verlaufen ist, dann ist dem Underdog sicherlich alles zuzutrauen. ∎

Der Verband

Honduranischer Fussballverband
Gegründet: 1951
FIFA-Weltrangliste: 38.
Anzahl Vereine: 227
Registrierte Fussballer: 61 300
Rekordspieler: Amado Guevara (130 Einsätze)
Rekordtorschütze: Carlos Pavon (55 Tore)
Rekordmeister: CD Olimpia
Grösste WM-Erfolge: WM-Vorrunde 1982
Top-Torschütze in der WM-Qualifikation: Carlos Pavón (7 Tore)

Die Wunsch-Elf

- Carlos Pavón – RCD Espana San Pedro Sula
- David Suazo – Inter Mailand
- Ramon Nuñez – CD Cruz Azul
- Edgar Alvarez – AS Bari
- Hendry Thomas – Wigan Athletic
- Wilson Palacios – Tottenham Hotspur
- Emilio Izaguirre – CD Montagua
- Mauricio Sabillón – CD Marathón
- Maynor Figueroa – Wigan Athletic
- Victor Bernardez – RSC Anderlecht
- Noel Valladares – CD Olimpia

WM 2010

TEAMS | **Chile**

Gruppe H

HONDURAS – CHILE	MI, 16.06.10	13.30	NELSPRUIT
CHILE – SCHWEIZ	MO, 21.06.10	16.00	NELSON MANDELA BAY
CHILE – SPANIEN	FR, 25.06.10	20.30	PRETORIA

Endlich wieder dabei!

Die Chilenen Marco Estrada (l.) und Eduardo Rubio im Fight mit Johan Vonlanthen (r.).

Der Trainer

Kaum ein Ausländer geniesst in Chile ein so hohes Ansehen wie Nationalcoach Marcelo Bielsa. Nachdem er die Mannschaft im Sommer 2007 übernahm, führte er sie auf beeindruckende Art und Weise an die WM-Endrunde in Südafrika. Davor war der Trainer auch mit seinem Heimatland Argentinien erfolgreich: Er qualifizierte sich mit den «Albicelestes» als Sieger der Südamerika-Gruppe für die WM 2002, wurde 2004 Zweiter bei der Copa América und gewann an den Olympischen Sommerspielen in Athen die Goldmedaille. Mit den Medien kommuniziert Bielsa praktisch ausschliesslich per Medienkonferenz. So kann es auch mal zu drei- bis vierstündigen Sitzungen kommen. Nicht zuletzt deshalb nennt man den 54-Jährigen auch «El Loco», den Verrückten.

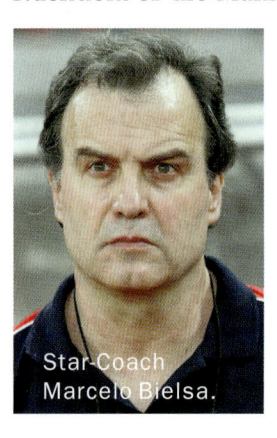

Star-Coach Marcelo Bielsa.

Chile beendet eine Durststrecke und qualifiziert sich erstmals seit über zehn Jahren für eine WM-Endrunde.

Die WM 2010 in Südafrika ist für Chile bereits die achte Endrunden-Teilnahme. Doch diese liess mehr als ein Jahrzehnt auf sich warten. Zuletzt war die Mannschaft um Coach Marcelo Bielsa 1998 in Frankreich mit von der Partie und scheiterte dort im Achtelfinal an Brasilien. Nachdem die «Roja», die

WM 2010

TEAMS

Der Star

Die Zeiten, als Ivan Zamorano und Marcelo Salas die gegnerischen Abwehrreihen das Fürchten lehrten, sind vorbei. Für die Tore ist bei den Chilenen nun ein anderer zuständig: Humberto Suazo. Und der 28-Jährige aus San Antonio, im Herzen Chiles, macht seine Sache ausserordentlich gut. Mit insgesamt zehn Treffern hatte er erheblichen Anteil an der erfolgreichen WM-Qualifikation seines Landes – und sicherte sich in der Südamerika-Gruppe zudem die Torjägerkrone, vor Brasiliens Luis Fabiano. Seit Juni 2007 geht der Rechtsfuss für den mexikanischen Erstligisten CF Monterrey auf Torejagd. Mit fünf Millionen US-Dollar ist seine Ablösesumme eine der höchsten, die je für einen ins Ausland wechselnden chilenischen Spieler bezahlt wurde. Wie die verschiedenen Medien berichteten, sollen gar die Tottenham Hotspurs an den Diensten des herausragenden Mittelstürmers interessiert sein. Vor seiner Zeit bei Monterrey wurde Suazo mit Santiago Meister und Torschützenkönig in der Apertura-Saison 2006. Davor hatten ihn zahlreiche Verletzungen am Durchbruch gehindert. So verpasste er 2001 infolge eines Schienbeinbruchs die Jugend-WM.

Humberto Suazo schiesst die Chilenen an die WM.

Roten, die WM 2002 und 2006 deutlich verpassten, wies die Qualifikation für Südafrika eine eindrückliche Bilanz auf: Als Gruppenzweiter hinter Rekordweltmeister Brasilien sicherte sich Chile das Ticket bereits vor dem letzten Spieltag.

Siege auf fremdem Terrain

Dass die Entscheidung nach dem 4:2-Erfolg über Kolumbien auswärts fiel, überrascht nicht. Immerhin gewann Chile 16 seiner 33 Punkte auf fremdem Terrain. Eine weitere Stärke erläuterte Trainer Bielsa gegenüber dem Online-Portal FIFA.com: «Die Widerspenstigkeit dieser Mannschaft war entscheidend für diesen verdienten Sieg und die erfolgreiche WM-Qualifikation aus eigener Kraft.»

Ihr bisher bestes WM-Ergebnis erreichten Chile 1962 im eigenen Land. In der Vorrunde besiegten sie unter anderem die Schweiz mit 3:1 und sicherten sich am Ende durch einen 1:0-Erfolg über Jugoslawien den dritten Rang.

Kurios war die Teilnahme an der WM 1974 in der BRD. Die Sowjetunion, Chiles Barrage-Gegner, weigerte sich, im Estadio Nacional in Santiago anzutreten. Der Grund dafür war, dass dort in den ersten Tagen des Putsches von General Augusto Pinochet tausende Oppositionelle festgehalten, gefoltert und ermordet worden waren. Da die FIFA der Bitte der Sowjets um eine Verlegung des Austragungsortes nicht nachkam, traten diese nicht an. Chile qualifizierte sich kampflos. ∎

Der Verband

Chilenischer Fussballverband
Gegründet: 1895
FIFA-Weltrangliste: 17
Anzahl Vereine: 5762
Anzahl aktive Fussballer: 478 337
Rekordspieler: Leonel Sanchez (84 Einsätze)
Rekordtorschütze: Marcelo Salas (37 Tore)
Rekordmeister: CSD Colo-Colo
Grösste WM-Erfolge: WM-Dritter 1962
Top-Torschütze in der WM-Qualifikation: Humberto Suazo (10 Tore)

Die Wunsch-Elf

Alexis Sánchez – Udinese Calcio
Humberto Suazo – CF Monterrey

Jorge Valdivia – Al-Ain FC
Arturo Vidal – Bayer 04 Leverkusen

Gary Medel – Boca Juniors
Rodrigo Millart – CSD Colo Colo

Carlos Carmona – Reggina Calcio
Roberto Cereceda – CSD Colo Colo

Waldo Ponce – Velez Sarsfield
Jean Beausejour – CF América

Claudio Bravo – R.S. San Sebastian

WM 2010

HOST CITIES
WM-Karte

Die WM der langen Wege

Südafrika ist 30 Mal so gross wie die Schweiz. Neben den Entfernungen sind auch die klimatischen Unterschiede gross.

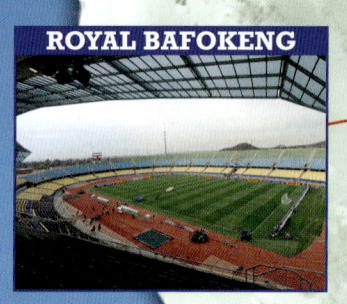

ROYAL BAFOKENG

ELLIS-PARK-STADION

SOCCER CITY

GREENPOINT-STADION

NELSON-MANDELA-BAY-STADION

NAMIBIA

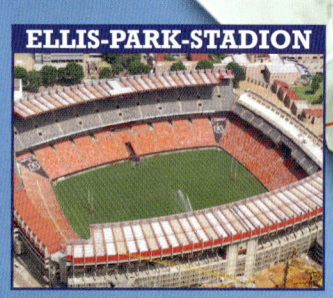

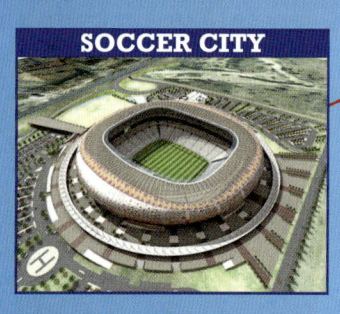

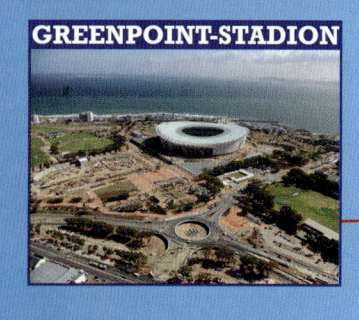

1700 km

Kapstadt

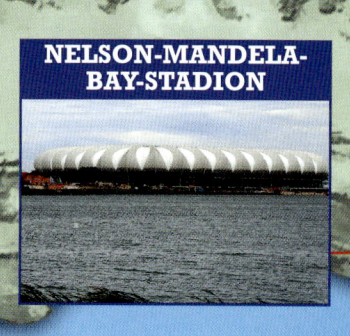

WM 2010

HOST CITIES

MOSAMBIK

Polokwane

Rustenburg

Nelspruit

Pretoria

SWASILAND

Johannesburg

PETER-MOKABA-STADION

MBOMBELA-STADION

Bloemfontein

LESOTHO

Durban

MOSES MABHIDA

FREE-STATE-STADION

LOFTUS VERSFELD

Nelson Mandela Bay

WM 2010

STADIEN
Johannesburg
Soccer-City-Stadion

Ein Tontopf für 94 700 Fans

Mit dem Soccer-City-Stadion erhält Johannesburg ein neues Wahrzeichen. Wo vor 20 Jahren Nelson Mandelas Freilassung gefeiert wurde, wird am 7. Juli 2010 der neue Weltmeister gekürt.

Fassade und Form des Soccer-City-Stadions erinnern an einen afrikanischen Tontopf. Im Hintergrund: die Skyline von Johannesburg.

Facts & Figures

Name: Soccer-City-Stadion
Stadt: Johannesburg
Fassungsvermögen: 94 700
Erbaut: 1987
Baumassnahmen zur WM 2010: Kompletterneuerung
Geografie: Zentrale Lage in Messenähe
Höhe über Meeresspiegel: 1750 m
Infos: Das Soccer-City-Stadion wird das Wahrzeichen der WM 2010. Sowohl das Eröffnungsspiel am 7. Juni sowie der Final am 7. Juli finden hier statt. Mitte der 80er Jahre wurde an selber Stelle das ehemalige Soccer-City-Stadion erbaut. 1990 fand hier Nelson Mandelas erste Massenkundgebung nach seiner Freilassung statt. Die Fassade des Soccer City ist einem afrikanischen Tontopf nachempfunden. Die Arena grenzt an Johannesburgs Stadtteil Soweto, in dem 40 Prozent aller Einwohner der Stadt leben.

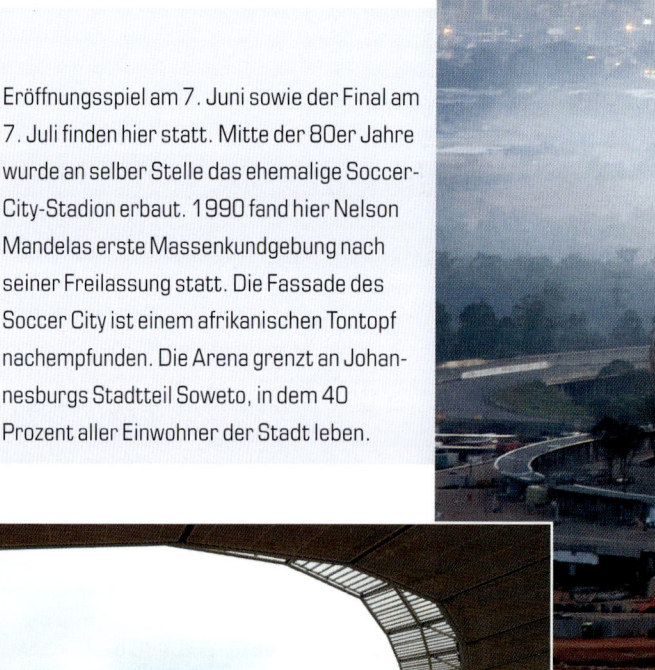

Eröffnungsspiel und Final der WM 2010 finden im Soccer-City-Stadion statt.

WM 2010

STADIEN

Spiele

Freitag	11.06.10	16.00	SÜDAFRIKA – MEXIKO
Montag	14.06.10	13.30	NIEDERLANDE – DÄNEMARK
Donnerstag	17.06.10	13.30	ARGENTINIEN – SÜDKOREA
Sonntag	20.06.10	20.30	BRASILIEN – ELFENBEINKÜSTE
Mittwoch	23.06.10	20.30	GHANA – DEUTSCHLAND
Sonntag	27.06.10	20.30	ACHTELFINAL
Freitag	02.07.10	20.30	VIERTELFINAL
Sonntag	11.07.10	16.00	FINAL

Boogertman + Partners Architects

Johannesburg

Einwohner: 3 225 608
Temperaturen zur WM: 4 °C bis 16 °C
Infos: Johannesburg, die «Stadt des Goldes» (ca. 40 Prozent der weltweiten Goldvorräte stammen aus der Region), ist das wirtschaftliche Zentrum Südafrikas und trägt ungefähr 12 Prozent zum BSP des Landes bei. Trotz des regen Wirtschaftslebens ist «Jo'burg» mit seinen 2328 Parks überraschend grün. Die Kaizer Chiefs und Orlando Pirates, zwei Profi-Klubs aus Johannesburg, haben den grössten Fan-Anhang aller afrikanischen Fussballvereine.
Wahrzeichen: Der Hillbrow Tower (kl. Foto) ist mit seinen 269 Metern eines der höchsten Bauwerke Afrikas und prägt das Stadtbild der Metropole.

Der Fernsehturm Hillbrow Tower ist Johannesburgs höchstes Bauwerk.

STADIEN
Johannesburg
Ellis-Park-Stadion

Fussball auf 1753 Meter über Meer

Der Ellis-Park wurde 1928 als Rugby-Stadion erbaut. 2001 wurde das Stadion zum Schauplatz einer Tragödie, bei der 43 Menschen starben.

Im Ellis-Park fand der Confederations-Cup-Final 2009 statt.

Spiele

Samstag	12.06.10	16.00	ARGENTINIEN – NIGERIA
Dienstag	15.06.10	20.30	BRASILIEN – NORDKOREA
Freitag	18.06.10	16.00	SLOWENIEN – USA
Montag	21.06.10	20.30	SPANIEN – HONDURAS
Donnerstag	24.06.10	16.00	SLOWAKEI – ITALIEN
Montag	28.06.10	20.30	ACHTELFINAL
Samstag	03.07.10	20.30	VIERTELFINAL

WM 2010

STADIEN

Im Ellis-Park findet ein Viertelfinalspiel statt.

Facts & Figures

Name: Ellis-Park-Stadion
Stadt: Johannesburg
Fassungsvermögen: 60 000
Erbaut: 1928 (modernisiert 1982)
Baumassnahmen zur WM 2010: kleinere Umbauarbeiten
Geografie: Im Osten von Johannesburg im Mittelpunkt eines grossen Sportparks
Höhe über Meeresspiegel: 1753 m
Info: Das Ellis-Park-Stadion (ehemals Coca-Cola-Park) ist bereits erprobt in der Austragung von Grossveranstaltungen wie Rugby- und Fussballspielen sowie Musikveranstaltungen. Als Heimstadion zweier Fussball-Klubs ist es bereits gut ausgestattet, so dass sich die Modernisierungsmassnahmen zur WM 2010 in Grenzen halten. Im April 2001 kam es beim Fussballspiel zwischen den Kaizer Chiefs und den Orlando Pirates zu einer Massenpanik. Tausende Fans ohne Ticket stürmten das überfüllte Stadion. 43 Menschen wurden zu Tode getrampelt.

WM 2010

STADIEN Kapstadt
Green-Point-Stadion

Zwischen Tafelberg und Ozean

Eingebettet in eine eindrucksvolle Kulisse liegt das Green-Point-Stadion in Kapstadt, Spielort des ersten Halbfinals.

Spiele

Freitag	11.06.10	20.30	URUGUAY – FRANKREICH
Montag	14.06.10	20.30	ITALIEN – PARAGUAY
Freitag	18.06.10	20.30	ENGLAND – ALGERIEN
Montag	21.06.10	13.30	PORTUGAL – NORDKOREA
Donnerstag	24.06.10	20.30	KAMERUN – NIEDERLANDE
Dienstag	29.06.10	20.30	ACHTELFINAL
Samstag	03.07.10	16.00	VIERTELFINAL
Dienstag	06.07.10	20.30	HALBFINAL

Vom Stadion an den Strand, in Kapstadt kein Problem.

WM 2010

STADIEN

Facts & Figures

Name: Green-Point-Stadion
Stadt: Kapstadt
Fassungsvermögen: 70 000
Erbaut: 2009 (Fertigstellung)
Baumassnahmen zur WM 2010: Neubau
Geografie: Gelegen zwischen dem Tafelberg-Massiv und dem Atlantischen Ozean
Höhe über Meeresspiegel: 10 m
Infos: Das futuristische Green-Point-Stadion ist eines von drei WM-Stadien, das von den deutschen Architekten von Gerkan, Marg und Partner entworfen wurde. Das Glasfasergewebe der äusseren Hülle wird Lichteinwirkungen reflektieren und in Farbabstufungen von Blau über Rot bis hin zu Grautönen schillern, was dem Stadion ein einmaliges Flair verleihen wird. Der Namensgeber des Stadions ist der Kapstädter Vorort Green Point. In unmittelbarer Nähe befindet sich das beliebte Hafenviertel Victoria & Alfred Waterfront.

Kapstadt

Einwohner: 3 497 097
Temperaturen zur WM: 8 °C bis 18 °C
Infos: Die zweitgrösste Stadt Südafrikas liegt ausgesprochen idyllisch direkt am Ozean und schmiegt sich gleichzeitig an eine Bergkette. Der berühmte Tafelberg thront 1086 Meter über der Stadt und ist seit jeher eine wichtige Landmarke für Seeleute. Viele Ausländer haben Kapstadt zu ihrer Wahlheimat auserkoren, so dass diese Weltstadt zu einem wahren Schmelztiegel der Kulturen geworden ist.
Wahrzeichen: Die Gebirgskette des Tafelbergs macht Kapstadts Skyline unverwechselbar. Ein weiterer Touristenmagnet ist Robben Island (r.). Die Insel, auf der Nelson Mandela 18 Jahre lang in Haft war.

Robben Island, bis 1994 Gefängnisinsel.

Wer Glück hat, erwischt einen Sitzplatz mit Sicht auf den Tafelberg.

WM 2010

STADIEN

Durban
Moses-Mabhida-Stadion

Das neue Wahrzeichen am

Auf 106 Meter Höhe überspannt der Bogen eine der modernsten Arenen der WM. Im Moses-Mabhida-Stadion wird am 7. Juli der zweite Finalist gekürt.

Durbans Strandabschnitt «Golden Mile».

70 000 Fans werden hier den zweiten WM-Halbfinal verfolgen.

Facts & Figures

Name: Moses-Mabhida-Stadion
Stadt: Durban
Fassungsvermögen: 70 000
Erbaut: 2009
Baumassnahmen zur WM 2010: Neubau
Geografie: Unweit vom Indischen Ozean zentral im neuen Sportzentrum Durbans
Höhe über Meeresspiegel: 15 m
Infos: Das neue Durban-Stadion wird an der Stelle errichtet, wo früher das King's-Park-Stadion stand. Das Stadion ist von zwei grossen Stahlbögen geprägt, die das gesamte Stadiondach in einer Höhe von 106 Metern überspannen. Mit einer Seilbahn made in Switzerland wird Besuchern die Gelegenheit geboten, vom Scheitelpunkt des Bogens einen Blick über die Stadt und den Indischen Ozean zu geniessen. Moses Mabhida, Namensgeber der Arena, führte die kommunistische Partei Südafrikas bis zu seinem Tod 1985.

Der 106 Meter hohe Bogen lässt sich mit einer Seilbahn besteigen.

WM 2010

STADIEN

Indischen Ozean

Durban

Einwohner: 3 468 086
Temperaturen zur WM: 11 °C bis 23 °C
Infos: Die zweitgrösste Stadt nach Johannesburg liegt an Südafrikas Ostküste am Indischen Ozean. Durch sein subtropisches Klima ist Durban eine der grössten Urlaubsdestinationen des Landes. In der Stadt mit dem grössten Hafen Afrikas wurden unter anderem Schlagersänger Howard Carpendale sowie die Fussballer Delron Buckley und Sean Dundee geboren.

Wahrzeichen: Die «Golden Mile» Durbans ist wohl auch die längste Vergnügungsmeile Südafrikas und zieht sich sechs Kilometer entlang des Indischen Ozeans. Hier liegen nicht nur Hotels, Kneipen und Bars, wie an anderen Stränden, sondern auch gleich einige Vergnügungsparks.

Spiele

Tag	Datum	Zeit	Spiel
Sonntag	13.06.10	20.30	DEUTSCHLAND – AUSTRALIEN
Mittwoch	16.06.10	16.00	SPANIEN – SCHWEIZ
Samstag	19.06.10	13.30	NIEDERLANDE – JAPAN
Dienstag	22.06.10	20.30	NIGERIA – SÜDKOREA
Freitag	25.06.10	16.00	PORTUGAL – BRASILIEN
Montag	28.06.10	16.00	ACHTELFINAL
Mittwoch	07.07.10	20.30	HALBFINAL

WM 2010

STADIEN

Nelson Mandela Bay

Nelson-Mandela-Bay-Stadion

Der Kessel am Ostkap

Eine von fünf Neubauten der WM steht in Südafrikas fünftgrösster Stadt Nelson Mandela Bay. Deutsche Architekten entwickelten die blattförmige Silhouette.

Nelson Mandela Bay

Einwohner: 1 500 000
Temperaturen zur WM: 9 °C bis 20 °C
Infos: Die Stadt Nelson Mandela Bay entstand 2001 durch den Zusammenschluss der Gemeinden Port Elizabeth, Uitenhage und Despatch. Zu Ehren Nelson Mandelas, der am Ostkap zur Welt kam, wurde die neu gegründete Stadt nach ihm benannt. Über insgesamt 40 km ziehen sich die Strände der Hafenstadt, die als Wassersportmetropole Afrikas gilt.
Wahrzeichen: Viele Touristen nutzen Nelson Mandela Bay als Ausgangspunkt für einen Besuch den Nelson-Mandela-Museums in dessen Heimatdorf Qunu. Auch für Öko-Touristen ist die «Windy City» ein ideales Ziel, um Südafrikas Landschaften kennezulernen.

Nelson-Mandela-Museum in Qunu.

WM 2010

STADIEN

Auf fünf Ränge verteilen sich die 42 000 Zuschauer im Nelson-Mandela-Bay-Stadion.

Das Wasser am oberen Bildrand gehört zum North End Lake. Auch der Ozean ist nur wenige Meter entfernt.

Facts & Figures

Name: Nelson-Mandela-Bay-Stadion
Stadt: Port Elizabeth
Fassungsvermögen: 42 000
Erbaut: 2009 (Fertigstellung)
Baumassnahmen zur WM 2010: Neubau
Geografie: An der Küste des Indischen Ozean im Prince-Alfreds-Park unmittelbar am angrenzenden North End Lake
Höhe über Meeresspiegel: 10 m
Infos: Wie die Stadien in Durban und Kapstadt wurde auch das Nelson-Mandela-Bay-Stadion von den deutschen Architekten Gerkan, Marg und Partner entwickelt. Die blattähnliche Dachkonstruktion soll Zuschauer vor Wind und Sonne schützen. Es ist das erste Fussball-Stadion der Millionenstadt und war bereits ein Jahr vor der WM als erster Neubau komplett fertiggestellt. So fand das traditionsreiche Derby zwischen den Orlando Pirates und den Kaizer Chiefs bereits hier statt.

Spiele

Samstag	12.06.10	13.30	SÜDKOREA – GRIECHENLAND
Dienstag	15.06.10	16.00	ELFENBEINKÜSTE – PORTUGAL
Freitag	18.06.10	13.30	DEUTSCHLAND – SERBIEN
Montag	21.06.10	16.00	CHILE – SCHWEIZ
Mittwoch	23.06.10	16.00	SLOWENIEN – ENGLAND
Samstag	26.06.10	16.00	ACHTELFINAL
Freitag	02.07.10	16.00	VIERTELFINAL
Samstag	10.07.10	20.30	SPIEL UM PLATZ 3

WM 2010

STADIEN

Free-State-Stadion

Mangaung/Bloemfontein

Fussballtempel im Herzen Südafrikas

Im geografischen Zentrum Südafrikas liegt das Free-State-Stadion. Die Teams, die ins Herz Südafrikas reisen werden, erwarten fussballverrückte Fans.

Facts & Figures

Name: Free-State-Stadion
Stadt: Bloemfontein
Fassungsvermögen: 48 000
Erbaut: 1952
Baumassnahmen zur WM 2010: Erweiterung der Westtribüne um einen Oberrang. Weitere Modernisierungsmassnahmen
Geografie: Bloemfontein liegt im Herzen Südafrikas im Hochland der Provinz Free State
Höhe über Meeresspiegel: 1400 m

Infos: Das eigentlich als Vodacom-Park bekannte Stadion wird in erster Linie für die Rugby-Heimspiele der Klubs aus Bloemfontein genutzt. Ausserdem trägt der Fussball-Erstligist Bloemfontein Celtics einen Teil seiner Heimspiele hier aus. Die Fussballfans der Region Bloemfontein gelten als besonders enthusiastisch, was unter anderem während der Rugby-Weltmeisterschaft sowie beim Confederations Cup 2009 zu bestaunen war.

Der neue Oberrang (grüne Sitze) erhöht die Stadion-Kapazität um über 10 000 Plätze.

Bloemfonteins City Hall.

Mangaung/Bloemfontein

Einwohner: 850 000
Temperaturen zur WM: −2° bis 17°C
Infos: Bloemfontein (niederländisch: Blumenquelle) ist die sechstgrösste Stadt Südafrikas und Hauptstadt der Provinz Free State. Die juristische Hauptstadt Südafrikas gehört zur Gemeinde Mangaung, was wörtlich übersetzt «Platz der Geparden» bedeutet.

Bloemfontein wurde Mitte des 19. Jahrhunderts von niederländischen und englischen Siedlern gegründet.
Wahrzeichen: Die 1985 aus Marmor erbaute City Hall gilt als schönstes Gebäude der Stadt. Ein Muss ist auch der Naval Hill, ein mitten in der Stadt gelegener Hügel, auf dem Giraffen, Strausse und Antilopen leben.

WM 2010

STADIEN

Spiele

Montag	14.06.10	16.00	JAPAN – KAMERUN
Donnerstag	17.06.10	16.00	GRIECHENLAND – NIGERIA
Sonntag	20.06.10	13.30	SLOWAKEI – PARAGUAY
Dienstag	22.06.10	16.00	FRANKREICH – SÜDAFRIKA
Freitag	25.06.10	20.30	SCHWEIZ – HONDURAS
Sonntag	27.06.10	16.00	ACHTELFINAL

Die Umbaumassnahmen zur WM kosteten rund 22 Millionen Euro.

WM 2010

STADIEN

Nelspruit

Mbombela-Stadion

Stadion im Giraffen-Look

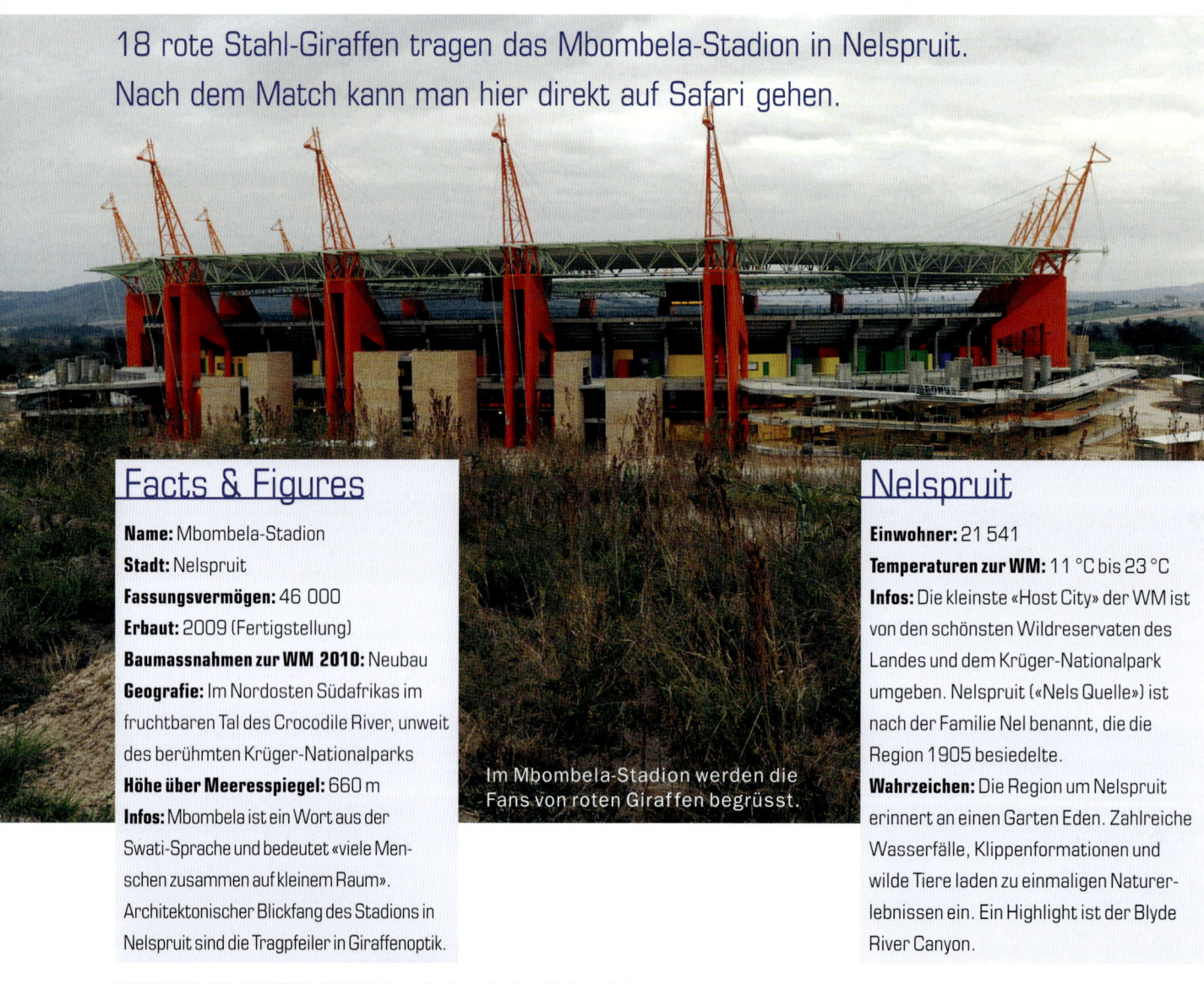

18 rote Stahl-Giraffen tragen das Mbombela-Stadion in Nelspruit. Nach dem Match kann man hier direkt auf Safari gehen.

Facts & Figures

Name: Mbombela-Stadion
Stadt: Nelspruit
Fassungsvermögen: 46 000
Erbaut: 2009 (Fertigstellung)
Baumassnahmen zur WM 2010: Neubau
Geografie: Im Nordosten Südafrikas im fruchtbaren Tal des Crocodile River, unweit des berühmten Krüger-Nationalparks
Höhe über Meeresspiegel: 660 m
Infos: Mbombela ist ein Wort aus der Swati-Sprache und bedeutet «viele Menschen zusammen auf kleinem Raum». Architektonischer Blickfang des Stadions in Nelspruit sind die Tragpfeiler in Giraffenoptik.

Im Mbombela-Stadion werden die Fans von roten Giraffen begrüsst.

Nelspruit

Einwohner: 21 541
Temperaturen zur WM: 11 °C bis 23 °C
Infos: Die kleinste «Host City» der WM ist von den schönsten Wildreservaten des Landes und dem Krüger-Nationalpark umgeben. Nelspruit («Nels Quelle») ist nach der Familie Nel benannt, die die Region 1905 besiedelte.
Wahrzeichen: Die Region um Nelspruit erinnert an einen Garten Eden. Zahlreiche Wasserfälle, Klippenformationen und wilde Tiere laden zu einmaligen Naturerlebnissen ein. Ein Highlight ist der Blyde River Canyon.

Draussen die roten Giraffen besticht der Innenraum durch Zebra-Optik.

Spiele

Mittwoch	16.06.10	13.30	HONDURAS – CHILE
Sonntag	20.06.10	16.00	ITALIEN – NEUSEELAND
Mittwoch	23.06.10	20.30	AUSTRALIEN – SERBIEN
Freitag	25.06.10	16.00	NORDKOREA – ELFENBEINKÜSTE

WM 2010

Rustenburg
Royal-Bafokeng-Stadion

STADIEN

Euphorie am «Ort der Ruhe»

Das kleinste Stadion der WM befindet sich in der Platin-Welthauptstadt Rustenburg.

Spiele

Samstag	12.06.10	20.30	ENGLAND – USA
Dienstag	15.06.10	13.30	NEUSEELAND – SLOWAKEI
Samstag	19.06.10	16.00	GHANA – AUSTRALIEN
Dienstag	22.06.10	16.00	MEXIKO – URUGUAY
Donnerstag	24.06.10	20.30	DÄNEMARK – JAPAN
Sonntag	26.06.10	20.30	ACHTELFINAL

Der Confed Cup machte 2009 hier halt.

Facts & Figures

Name: Royal Bafokeng Sports Palace
Stadt: Rustenburg
Fassungsvermögen: 42 000
Erbaut: 1999
Baumassnahmen zur WM 2010: Geringfügiger Ausbau
Geografie: Im Nordwesten Südafrikas auf dem Highveld-Plateau
Höhe über Meeresspiegel: 1500 m
Infos: Das Stadion in Rustenburg wurde benannt nach dem Volk der Bafokeng («Volk des Morgentaus»), die im Gebiet rund um Rustenburg leben. Das kleinste Stadion der WM 2010 wurde für die Rugby-Weltmeisterschaft 1995 geplant, aber erst 1999 eröffnet.

Einziges WM-Stadion mit Leichtathletik-Laufbahn.

Rustenburg

Einwohner: 395 539
Temperaturen zur WM: 2 °C bis 20 °C
Infos: Rustenburg («Ort der Ruhe») ist reich an Bodenschätzen und gilt als Platin-Hauptstadt der Welt. Bezeichnend heisst der einzige Profi-Fussball-Klub der Stadt «Platinum Stars». Der Bergbau bietet auch die meisten Arbeitsplätze in der Region.
Wahrzeichen: Zwei der grössten Platin-Minen der Welt befinden sich in Rustenburg. 40 Minuten von Rustenburg entfernt bietet der Hartebeespoort-Stausee ein beliebtes Erholungsziel für viele Einwohner des etwa 100 Kilometer entfernten Johannesburg.

WM 2010

STADIEN

Polokwane
Peter-Mokaba-Stadion

Von der Natur inspiriert

Die Dachkonstruktion des Peter-Mokaba-Stadions wird von vier Säulen getragen, die dem afrikanischen Baobab-Baum nachempfunden sind.

Zur WM wird das Peter-Mokaba-Stadion komplett überdacht sein.

Facts & Figures

Name: Peter-Mokaba-Stadion
Stadt: Polokwane
Fassungsvermögen: 45 000
Erbaut: 2010 (Fertigstellung)
Baumassnahmen zur WM 2010: Neubau
Geografie: Hauptstadt der Provinz Limpopo im Norden Südafrikas
Höhe über Meeresspiegel: 1310 m
Infos: Benannt nach dem verstorbenen politischen Aktivisten Peter Mokaba gehört das Stadion zu den kleineren der WM. Die Architektur der Dachsäulen soll an einen Baobab-Baum (afrikanischer Affenbrotbaum) erinnern. In Limpopo, der Provinz, in der das Stadion liegt, gibt es die meisten gemeldeten Fussballer des Landes.

Die vier Dachsäulen stellen den afrikanischen Baobab-Baum dar.

Polokwane

Einwohner: 508 272
Temperaturen zur WM: 4 °C bis 20 °C
Infos: Polokwane, «der sichere Ort», ist die Heimat des grössten afrikanischen Baumes, des Baobabs («umgedrehter Baum»).
Wahrzeichen: Im Naturpark «Polokwane Nature Reserve» lassen sich zahlreiche Vogelarten erkunden.

Spiele

Sonntag	**13.06.10**	**13.30**	ALGERIEN – SLOWENIEN
Donnerstag	**17.06.10**	**20.30**	FRANKREICH – MEXIKO
Dienstag	**22.06.10**	**20.30**	GRIECHENLAND – ARGENTINIEN
Donnerstag	**24.06.10**	**16.00**	PARAGUAY – NEUSEELAND

WM 2010

Tshwane/Pretoria

STADIEN

Loftus-Versfeld-Stadion

Spiele

Sonntag	13.06.10	16.00	SERBIEN – GHANA
Mittwoch	16.06.10	20.30	SÜDAFRIKA – URUGUAY
Samstag	19.06.10	20.30	KAMERUN – DÄNEMARK
Mittwoch	23.06.10	16.00	USA – ALGERIEN
Freitag	25.06.10	20.30	CHILE – SPANIEN
Dienstag	29.06.10	16.00	ACHTELFINAL

Der Stolz der Hauptstadt

Bereits 1903 wurde auf dem Platz, auf dem heute das Loftus Versfeld steht, Sport getrieben.

Das Loftus Versfeld war auch Spielort des Confederation Cup.

Facts & Figures

Name: Loftus-Versfeld-Stadion
Stadt: Pretoria
Fassungsvermögen: 50 000
Erbaut: 1909
Baumassnahmen zur WM 2010: Ausbau und Modernisierung
Geografie: Die Region um Pretoria bildet den Übergang zwischen tropischer Savanne («Bushveld») und dem Hochland («Highveld»)
Höhe über Meeresspiegel: 1124 m
Infos: Benannt nach Robert Owen Loftus Versfeld, dem Begründer des organisierten Sports in Pretoria. Das Stadion gehörte vor der WM-Vergabe zu einer der modernsten Arenen des Landes.

50 000 Fans fassen die Tribünen des Loftus Versfeld.

Pretoria

Einwohner: 2 345 908
Temperaturen zur WM: 3 °C bis 19 °C
Infos: Nicht Johannesburg, sondern Pretoria ist die Hauptstadt Südafrikas. 2005 sollte der Name Pretorias in «Tshwane» («Wir sind alle gleich») umbenannt werden, der weniger an die Apartheid erinnert. Pretorias Einwohner protestierten gegen die Änderung, beide Bezeichnungen sind heute gebräuchlich.
Wahrzeichen: In den Union Buildings befindet sich der Sitz der südafrikanischen Regierung. Im 275 Meter langen Gebäude hat auch der südafrikanische Präsident Jacob Zuma seinen Amtssitz. Nelson Mandela wurde 1994 hier vereidigt.

WM 2010

STARS

Die WM-Starparade 2010

WM 2010

STARS

Sie stehen nicht so im Rampenlicht wie Cristiano Ronaldo, Lionel Messi oder Kaká. Doch unsere 13 WM-Stars sind für ihre Teams nicht minder wichtig. Ob als Spielgestalter, Torschütze oder in der Abwehr.

WM 2010

STARS **Santa Cruz, Xavi, Lampard**

Und er rockt doch

In England fand der hochbegabte Roque Santa Cruz sein Glück. Nun will er mit Paraguay die WM rocken.

Die Karriere des hochbegabten Roque Santa Cruz hatte mehr Schatten als Licht. Die Vorschusslorbeeren, mit denen er 1999 als erst 17-Jähriger zum FC Bayern München wechselte, konnte er niemals wirklich einlösen. Immerhin acht Jahre hielt er es in München aus, ohne dass ihm jemals wirklich der Durchbruch gelang.

Fünf Millionen Euro überwiesen die Blackburn Rovers im Sommer 2007 nach München. Ob das viel oder wenig ist für den Vorzeige-Athleten Santa Cruz, hängt von der Sichtweise ab. 2002 behauptete Bayern-Manager Uli Hoeness noch forsch, Santa Cruz sei «jetzt schon 30 Millionen wert». Er liess sein Können zwar immer wieder aufblitzen im Trikot der Münchner – auch deshalb hielt man so lange an ihm fest – doch nach einer enttäuschenden Saison 2006/07 musste ein Ortswechsel her für den so oft von Verletzungen geplagten Paraguayer. Zum Abschied aus München bekam er von der deutschen Rock-Gruppe «Sportfreunde Stiller» zumindest noch ein angemessenes Abschiedslied komponiert: «Ich Roque». Ab jetzt dann halt in England. Die Saison 2007/08 muss eine Erlösung gewesen sein für den heute 28-Jährigen. Er kam auf 41 Partien für die Rovers und erzielte dabei 20 Tore. Endlich rockte Santa Cruz. Vor den Augen der beeindruckten Premier-League-Zuschauer schnellte sein Marktwert in die Regionen, in denen Hoeness ihn einst schon sah. Nicht 30, aber immerhin 21 Millionen Euro überwies ManCity letzten Sommer für Santa Cruz.

Nächsten Sommer könnte der Schönling mit seinem Sturmpartner Nelson Valdez auch die WM rocken. ■

Der Denker und Lenker

Xavi Hernández ist Herz und Seele im Mittelfeld des spanischen Teams und beim FC Barcelona.

Es gibt Kult-Kicker wie Cristiano Ronaldo, David Beckham und Thierry Henry. Sie sind die Popstars im Fussballdress, täglich in den Medien präsent: als Fussballer, Werbe-Ikonen und in den Klatschspalten. Und dann gibt es die andere Sorte Star. Die Leisen und Bescheidenen, die sich dem Klub unterordnen, im Stillen arbeiten und existieren. Barcelonas Xavi Hernández ist so einer. Er ist so unauffällig, dass oft vergessen wird, dass der Mittelfeldzauberer mit den dichten Augenbrauen an der EURO 08 mit seinen Glanzvorstellungen zum besten Akteur des Turniers gewählt wurde. Er war es, der mit seiner überlegten Coolness an praktisch allen torgefährlichen Aktionen der Spanier beteiligt war – so auch im Final gegen Deutschland, wo Xavi die Torvorlage zum Siegtreffer von Fernando Torres gab.

Xavi – 1,70 Meter klein –, steht heute für die Gemeinschaftswerte der spanischen Nationalmannschaft und des FC Barcelona: blitzendes Passspiel,

Der englische Vorzeige-Profi

Der jüngste Spross der Fussball-Familie Lampard brachte es zu Weltruhm. Aus Englands Zentrum ist der torgefährliche Mittelfeldspieler nicht mehr wegzudenken.

Der Londoner Premier-League-Klub West Ham United kann heute als die Talentschmiede der aktuellen englischen Nationalmannschaft betrachtet werden.
Ende der 90er Jahre beeine Vielzahl junger talentierter Spieler. Unter ihnen Joe Cole, Michael Carrick, Rio Ferdinand und ein gewisser Frank Lampard. Alle zusammen wurden sie trainiert von Lampards Vater Frank Senior, der früher selbst das West-Ham-Trikot trug und mit dem Londoner Arbeiterklub zweimal den FA-Cup gewann. Und die Fussballfamilie Lampard war noch weiter involviert in die Geschicke des Klubs. Fank Lampard Juniors Onkel Harry Redknapp, heute Coach von Tottenham Hotspur, trainierte die «Hammers» damals zusammen mit Frank Senior. Ende 2000 löste sich die Familienbande auf, und ein halbes Jahr später entschloss sich auch Lampard dazu, West Ham United den Rücken zu kehren. Im Mai 2001 unterschrieb er bei Chelsea, wo er seitdem zur uneingeschränkten Führungspersönlichkeit des Klubs wurde. Vom 13. Oktober 2001 bis zum 23. November 2005 lief Lampard 164 Mal ohne Unterbruch für die «Blues» auf. Ein Vereinsrekord, der Ende 2005 durch eine Krankheit des Mittelfeldspielers beendet wurde. Die Saison 2004/05 war dennoch ein Meilenstein in der Karriere des heute 31-Jährigen. Er schoss für einen Mittelfeldspieler erstaunliche 19 Treffer für Chelsea und führte sein Team zur ersten Meisterschaft seit 50 Jahren.

In der Nationalmannschaft war der Londoner ein Spätzünder. Auch deshalb, weil Paul Scholes von Manchester United auf seiner Position im Mittelfeld lange nicht zu verdrängen war. Erst 2004 in Portugal absolvierte Lampard für die «Three Lions» sein erstes grosses Turnier und wurde dort nach guten Leistungen gleich ins All-Star-Team des Turniers gewählt.

Seine erste WM 2006 endete für Lampard enttäuschend. Im Viertelfinal gegen Portugal war er einer von drei Spielern, die im Penalty-Schiessen an Portugal-Goalie Ricardo Perreira scheiterte.

Spaniens

exquisite Ballsicherheit und taktische Kontrolle. Seine Fähigkeit, den Ball konstant und nach Belieben laufen zu lassen, erinnert ohne Zweifel an die Spielphilosophie, die einst Johan Cruyff dem FC Barcelona vermittelte.
Unauffällig, wie Xavi nun mal ist, trat er 2001 ohne grosses Aufsehen an die Stelle des legendären Pep Guardiola, seinem heutigen Klub-Coach, der sich damals verletzte und später seine Karriere in Italien beendete. Heute ist der 29-Jährige auch in der Nationalmannschaft das, was Guardiola vor zehn Jahren bei Barça war: zentraler Dreh- und Angelpunkt im Spielsystem seines Teams.

Frank Lampard

STARS — **Touré, Özil, Benzema**

Die Defensiv-Brüder

Yaya Touré, FC Barcelona

Das derzeit erfolgreichste Brüderpaar des Weltfussballs wird an der WM 2010 für die Elfenbeinküste auf dem Platz stehen. Die Touré-Brüder bilden den Defensiv-Block im Team.

Mory Tourés Leben war kein Zuckerschlecken. Der Tankstellenwärter aus Abidjan verdiente kaum genug Geld, um zu Hause seine sieben Kinder zu ernähren. Sein ältester Sohn Kolo sollte den Vater eigentlich bald darin unterstützen, die Familie zu versorgen. Doch dann klopfte ein gewisser Jean-Marc Guillou an die Tür der Tourés und nahm erst Kolo und dann seinen jüngeren Bruder Yaya in die von ihm gegründete Fussballakademie auf. Die Brüder machten schnell Karriere. Vom ivorischen Top-Klub

Der deutsche Strassenfussballer

Sein Bekenntnis zum deutschen Bundesadler und gegen den türkischen Halbmond öffnete Mesut Özil das Tor zur WM. Dort will er Deutschland Kreativität einimpfen.

Er sieht immer ein bisschen «gerädert» aus, dieser Mesut Özil, sein Gesicht wirkt müde, fast niedergeschlagen. Doch der Schein trügt. Der junge Deutsch-Türke, der sich Anfang 2009 entschied, künftig für die deutsche Nationalmannschaft aufzulaufen, strotzt nur so vor Energie.
Der gebürtige Gelsenkirchener könnte eigentlich noch für die deutschen U21-Junioren auflaufen, mit denen er im Juni diesen Jahres Europameister wurde. Doch Bundestrainer Joachim Löw beansprucht das 21-jährige Talent zurecht für sich. «Wenn er sein Potential ausschöpft, ist er einfach genial», sagt Löw über Özil. «Er macht Dinge, die nur wenige Spieler beherrschen.»
Wer hätte gedacht, dass ausgerechnet ein Deutscher bei Werder Bremen den brasilianischen Ball-Künstler Diego ersetzen könnte, der im Sommer zu Juventus Turin abwanderte. Özil ist ein spezieller Deutscher. Ein Typ Strassenfussballer, der nicht mit deutschen Tugenden auftrumpft, sondern mit Spielwitz, Leichtfüssigkeit und einer feinen Technik.
In Interviews bleibt der 70-Kilo-Mann stets höflich und schüchtern. Dass er aber genauso gut seinen Willen durchsetzen kann, bewies er bei seinem Wechsel von Schalke 04 zu Werder Bremen, den er im Januar 2008 mit hohen Gehaltsforderungen an die «Königsblauen» forcierte.
Seine Entscheidung für Deutschland und gegen die Türkei schlug hohe Wellen. Kurz nach seinem Bekenntnis zum Bundesadler musste das Gästebuch seiner Webseite geschlossen werden. Doch letztlich öffnete ihm seine Entscheidung das Tor zur WM 2010.

Mesut Özil

der «Elefanten»

ASEC Mimosas schaffte Kolo Touré schon 2002 den Sprung in die stärkste Liga der Welt zu Arsenal London. Geldprobleme kennt die Grossfamilie Touré seitdem nicht mehr. Der älteste Spross der Familie verdängte den alternden Sol Campbell schnell aus der Stammelf der «Gunners» und wurde ein sicherer Wert in der Arsenal-Innenverteidigung. Nach sieben Jahren in London verliess der 28-Jährige im Sommer die englische Hauptstadt Richtung ManCity, wo zwar nicht mehr sportliche Perspektive, aber mehr Geld vorhanden ist.

Kolos zwei Jahre jüngerer Bruder Yaya hat mit dem FC Barcelona eine grandiose letzte Saison hingelegt, gewann als erster Spieler der Elfenbeinküste überhaupt die Champions League. Doch der defensive Mittelfeldspieler hat es derzeit schwer bei den Katalanen. Seinen Stammplatz hat er nach einer Verletzung verloren. In der Heimat steht derweil der 24-jährige Ibrahim Touré vor dem Sprung nach Europa. So könnte aus dem ivorischen Duo bald ein Trio werden.

Kolo Touré, Manchester City

«Big Ben» will seinen Stammplatz

Galaktisch im Klub war Karim Benzema bei den «Bleus» oft nur zweite Wahl. Zur WM soll das anders werden.

Genau ein Jahr lang, von Oktober 2008 bis Oktober 2009, stand Karim Benzema nicht in der Startaufstellung der «Equipe Tricolore». Seinen Frust darüber konnte er nicht mehr verbergen: «Bei meiner letzten Einwechslung war ich so enttäuscht, dass ich keine Lust hatte, alles zu geben», sagte der 21-Jährige nach einem Spiel gegen Rumänien und löste mit diesem Satz in Frankreich eine grosse Polemik aus. «Sein Kommentar ist nicht hinnehmbar», konterte Frankreichs Coach Raymond Domenech, berief ihn aber weiterhin ins französische Kader. Auch im allesentscheidenden Spiel der Franzosen gegen Irland, als die «Bleus» in Paris so dringend auf ihr Tor warteten, liess Domenech Benzema auf der Bank schmoren. Letztlich erlöste Thierry Henry die Fans im Stade de France durch sein Hand-Tor.

Die skandalöse Qualifikation der Franzosen gibt nun auch Benzema die Hoffnung, bei der WM eine wichtige Rolle zu spielen. Denn bei Real Madrid, wo «Big Ben» seit diesem Sommer unter Vertrag steht, kommt er immer besser in Fahrt. Das schnörkellose Spiel des 21-Jährigen und sein enormer Zug aufs Tor kommen bei den Fans der «Galaktischen» sehr gut an. Für sein junges Alter wirkt der Sohn algerischer Einwanderer schon extrem reif und abgeklärt. Ende der 50er Jahre verliessen Benzemas Eltern Algerien in Richtung Lyon. Die Familie stammt aus der Kabylei, einer kargen Region Algeriens, aus der einst auch die Familie Zidane nach Frankreich auswanderte.

Schnell konnte Benzema Junior in den Jugendauswahlen von Olympique Lyon Fuss fassen. Mit seinem Wechsel von Lyon zu Real Madrid für 35 Millionen Euro wurde Benzema zum drittteuersten französischen Spieler aller Zeiten nach Zinedine Zidane und Lilian Thuram.

Karim Benzema

STARS **Sneijder, Alves, Agüero**

Der Wirbelwind aus der

Bei Real Madrid geriet Wesley Sneijder im Sommer ins Abseits. Sein Talent stellt er nun bei Inter Mailand unter Beweis. Mit Arjen Robben wird er Hollands WM-Gegner schwindlig spielen.

Wesley Sneijder

Der offensivste Verteidiger der Welt

Nach der WM 2006 trat Dani Alves in die Fussstapfen des grossen Cafu. Seine offensive Spielphilosophie führt er fort und haucht ihr neue Dynamik ein.

Von 1994 bis 2002 gehörte die rechte Abwehrseite Brasiliens nur einem: Cafu. Als erster Spieler überhaupt schaffte es das Urgestein der «Seleção», an drei WM-Finals teilzunehmen (1994, 1998, 2002). Nach der WM in Deutschland beendete Cafu seine Nationalmannschafts-Karriere. In seine grossen Fussstapfen wird nächsten Sommer Daniel Alves da Silva, kurz Dani Alves, treten. Der Spieler des FC Barcelona führt die Tradition seines Vorgängers fort, glänzt auf der rechten Abwehrseite durch seine schnellen Vorstösse in die gegnerische Hälfte. Das Sportmagazin «Kicker» betitelte ihn als «offensivsten Verteidiger der Welt». Im Januar 2003 kam der kleine Abwehrspieler nach Europa zum FC Sevilla und läutete die erfolgreichste Periode des Klubs seit Jahrzehnten ein. 2006 verhalf er Sevilla zum Gewinn des UEFA-Cups, ein Jahr später verteidigten die Andalusier den Titel. Im Sommer 2007 erhielt Alves die spanische Staatsbürgerschaft, was seinen Marktwert nochmal deutlich steigerte. Der FC Barcelona musste 2008 dann 30 Millionen Euro für die Dienste Alves' hinblättern.

In der «Seleção» konnte Alves schon mehrfach entscheidend eingreifen. Im Final der Copa América 2007 gegen Argentinien erzielte der 26-Jährige das Tor zum 3:0 und bereitete ein weiteres Tor vor. Mit seinem Freistoss-Treffer zum 1:0 gegen Südafrika im Halbfinal des Confed Cup 2009 war er Wegbereiter des Titelgewinns der «Seleção».

Alves' neun Jahre älterer Bruder Alex dürfte den Fans der deutschen Bundesliga noch bekannt sein. Zwischen 2000 und 2003 zauberte der ältere Alves für Hertha BSC Berlin. Sein jüngerer Bruder bekommt es an der WM 2010 unter anderem Cristiano Ronaldo zu tun.

Dani Alves

Ajax-Schule

Die sommerliche Einkaufstour von Real Madrid war nichts für zart besaitete Holländer. Mit Arjen Robben, Jan-Klaas Huntelaar, Rafael van der Vaart und Wesley Sneijder gerieten gleich vier hochbegabte Holländer bei den «Königlichen» aufs Abstellgleis. Mit Rafael van der Vaart konnte sich nur einer der vier damit abfinden, nicht erste Wahl zu sein. Van der Vaart kommt meistens zwischen der 70. und 80. Minute auf den Platz. Und wird das wohl auch nicht mehr lange aushalten. Sein Landsmann Wesley Sneijder erkannte schneller, was die Zukäufe von Kaká, Ronaldo und Benzema für ihn bedeuteten und wechselte im Sommer blitzartig zu Inter Mailand. Dort schlug er sofort ein, machte, dynamisch wie eh und jeh, seine Tore.

Sneijder kommt aus einer Fussballer-Familie. Sein jüngerer Bruder Rodney spielt in der Jugend von Ajax Amsterdam, wo auch Wesley zum grössten holländischen Talent seines Jahrgangs reifte. Jeffrey Sneijder, der ältere Bruder, ist Profi in Hollands zweiter Liga.

Die Spielweise des Top-Stars der Familie erinnert stark an die von Arjen Robben, der, wie Sneijder Jahrgang 1984, wieselflink und mit einem starken Schuss ausgestattet immensen Zug aufs Tor entfacht.

Die berühmte Jugendschule von Ajax Amsterdam kann den Erfolg Sneijders für sich mitverbuchen. Schon vier Monate nach dessen Profi-Debüt für Ajax im Dezember 2002 feierte Sneijder sein erstes Länderspiel. Den Geburtsort Utrecht teilt Sneijder mit Marco van Basten. Ein scheinbar gutes Pflaster für Spielmacher. ■

Sturm-Talent mit Schwiegervater-Bonus

Sergio Agüero ist mit der Tochter von Diego Maradona liiert. Seiner Leichtigkeit tut das keinen Abbruch.

Sergio «Kun» Agüero

Der Sommer 2008 war seine Zeit. Pünktlich zum olympischen Fussball-Turnier in Peking kam Sergio «Kun» Agüero in Topform. Er traf im Halbfinal gegen Brasilien zweimal und führte Argentinien ins Endspiel, das die «Gauchos» gewannen. Wenige Wochen vorher war bekannt geworden, dass Agüeros Freundin Giannina schwanger ist. Das wäre nicht weiter spektakulär, wäre Giannina nicht die Tochter von Diego Armando Maradona.

Schon 2003 tauchten die Namen Agüero und Maradona erstmals gemeinsam in der Presse auf. Im Alter von 15 Jahren, 1 Monat und 3 Tagen debütierte Agüero als jüngster Spieler aller Zeiten in Argentiniens Top-Liga und luxte seinem Schwiegervater in spe diesen Rekord ab.

Europas Top-Klubs wurden schnell auf das Talent aufmerksam. Auch Bayern München stieg ein ins Wettbieten um Agüero. Der deutsche Rekordmeister bot 2006 15,7 Millionen Euro für den Stürmer, letztlich machte aber Atletico Madrid das Rennen. Seine ersten Monate in Europa waren nicht leicht für den jungen Argentinier. Fernando Torres war Captain und Alleinunterhalter im Sturm der Hauptstädter. Erst als «El niño» zum FC Liverpool wechselte, wurde Agüero zum uneingeschränkten Star bei Atletico.

An der WM in Südafrika will der 21-Jährige, der sich nach seiner Lieblingsfigur aus einem Computerspiel den Namen «Kun» zulegte, ohne Schwiegervaterbonus auskommen. Die Qualität dazu hat er allemal. ■

STARS **Martins, Nani, Pirlo**

Nigerias Vorturner

Tore feiert Obafemi Martins mit Salto und Flickflack. Seine Therapie gegen die Wunden der Vergangenheit.

Als Obafemi Martins 2006 für rund 15 Millionen Euro von Inter Mailand zu Newcastle United wechselte, übernahm er die Trikot-Nummer 9 von «Mister Newcastle» Alan Shearer. Eine grosse Ehre, aber auch grosse Bürde für den jungen Nigerianer. Doch das kleine Kraftpaket machte seine Sache ordentlich, schoss in drei Saisons 28 Tore. Doch auch seine konstanten Leistungen konnten den Abstieg des Traditionsvereins nicht verhindern. Newcastle musste sich von seinem Tafelsilber trennen, der VfL Wolfsburg verpflichtete Martins für rund 10 Millionen Euro.

Für die «Wölfe» konnte der quirlige Angreifer auch schon fünf Mal seine Salto-Einlagen zum Besten geben, die er nach jedem Tor zelebriert. Das Turntalent ist hinter Edin Dzeko und Grafite zwar nur Stürmer Nummer 3 beim deutschen Meister, könnte aber bald befördert werden, wenn Dzeko zur AC Milan wechseln sollte.

Martins Karriere in der nigerianischen Elf wäre beinahe frühzeitig beendet worden: Der nigerianische Verband wies das Geburtsdatum des Stürmers auf seiner Webseite falsch aus, machte Martins sechs Jahre älter. Und das kurz vor seinem Wechsel nach Newcastle. Dort fragte man sich, ob man es nun mit einem 22- oder 28-jährigen Stürmer zu tun hat. Doch der Verband gestand seinen Fehler ein und entschuldigte sich bei Martins. 2007 folgte der nächste Schock: In seiner Heimatstadt Lagos geriet er in einem Auto unter Beschuss, 2008 starb seine Mutter. Doch Martins konnte sich auf dem Platz immer gut von den Wunden der Vergangenheit befreien. Jedes Tor und jeder Flickflack halfen dabei. ∎

Obafemi Martins

Der Traum vom nächsten

Die Parallelen zwischen Cristiano Ronaldo und seinem Nati-Kollegen Nani sind nicht zu übersehen.

Wie Ronaldo (Madeira) auf einer Insel (Kapverden) geboren wechselte Nani 2007 von Sporting Lissabon zu Manchester United. Der portugiesische Klub, bei dem auch Ronaldo ausgebildet wurde, strich für Nani, damals gerade 21 Jahre alt, satte 25 Millionen Euro ein. Ronaldo hatte damals «nur» 17 Millionen gekostet. Doch die entscheidende Parallele fehlt. Nani konnte sich bei den «Red Devils» nie wirklich durchsetzen. Die Schuld dafür sieht der 23-Jährige bei seinem Coach Alex Ferguson: «Im einen Moment lobt er dich, im nächsten macht er dich total fertig. Das geht oft in Minuten», beschwerte sich Nani in einer portugiesischen Zeitung. «Ich kann ein grosses Spiel machen, aber niemand garantiert mir, dass ich im nächsten Spiel wieder dabei bin. Das erschüttert mein Selbstvertrauen.» Ob er gut beraten ist, sich mit Sir Alex anzulegen, darf bezweifelt werden. Seine Aussagen zeugen jedenfalls vom Frust, der auf ihm lastet. Und den will er sich in Südafrika von der

Auffällig unauffällig

Der Mittelfeld-Stratege Italiens ist alles, was Francesco Totti nicht ist: effektiv, schnörkellos und konstant. Der 30-Jährige lässt seine Füsse sprechen.

Schon als Kind war Andrea Pirlo ein begeisterter Fussballer und eiferte seinem grossen Idol Roberto Baggio nach. Bereits als 15-Jähriger gab er 1994 bei Brescia sein Debüt als Profi in Italiens höchster Spielklasse. Rasch waren seine überdurchschnittlichen Qualitäten als Stratege erkennbar, in der Position als defensiver Mittelfeldspieler überzeugte er von Anfang an durch seine Gabe, das Spiel vorauszulesen und zu leiten. Die Fans nannten ihn wegen seiner genauen Freistösse bald einmal «Il genietto» (das kleine Genie) und «L'architetto» (der Architekt). Pirlo selbst ist ein bescheidener Mensch und sagt dazu nur, er habe sein Können am Ball vor allem Roberto Baggio zu verdanken, der ihm zu seiner Zeit als Junior bei Brescia beibrachte, wie man richtig Fussball spielt.

Über Inter Mailand und Reggina Calcio landete er 2001 schliesslich beim AC Mailand, wo er bis heute spielt. Sein Ex-Trainer Carlo Ancelotti brachte ihm von Anfang an vollstes Vertrauen entgegen und setzte ihn als Mittelfeldspieler vor der Abwehr ein. Mit grossem Erfolg. Pirlo gewann mit dem AC Mailand 2003 die Champions League, wurde 2004 Meister der Serie A und triumphierte 2007 erneut in der Champions League. 2002 feierte er seinen Einstand als Nationalspieler. Mit der «Squadra Azzurra» gewann er 2004 die Bronzemedaille an den Olympischen Spielen in Athen und holte 2006 in Deutschland den WM-Titel. Unauffällig führte er während des ganzen Turniers Regie – schnörkellos, effektiv, präzis. Er war wie immer «der Mann in Francesco Tottis Schatten» und fühlte sich dabei äusserst wohl. Superstar Totti ist alles, was Pirlo nicht ist. Pirlo ist verlässlich, konstant, nie eine Diva. «Er lässt eben seine Füsse sprechen», sagte Weltmeister-Trainer Marcello Lippi damals anerkennend. Der einzige Makel in seiner Biographie, die überhaupt nicht für schrille Schlagzeilen taugt: Obwohl Profi beim AC Mailand, ist er ei-gentlich ein Fan von Inter Mailand. Doch selbst diese «Todsünde» verzeihen ihm die Fans. Denn Pirlo verzichtet auf übertriebene Show- Einlagen und konzentriert sich lieber auf seine Aufgaben als Fussballer. Sein Mitspieler Gennaro Gattuso sagte einmal über ihn: «Wenn ich sehe, was Andrea am Ball kann, muss ich mich fragen, ob ich ein Fussballer bin.» Der Muster-Profi wird nicht nur bei seinen Mitspielern als Teamplayer geschätzt, sondern ist auch bei den Fans des AC Mailand der wohl beliebteste Spieler überhaupt. ■

Andrea Pirlo

Ronaldo

Seele ballern. Denn in der «Seleção» ist er Stammspieler. Seine Position im äusseren offensiven Mittelfeld eröffnen Coach Carlos Queiroz vielerlei Optionen für das Angriffsspiel. Wie Ronaldo zeichnet sich auch Nani durch seine extreme Schnelligkeit und seine Torgefahr aus, die er gleich in seinem ersten Einsatz für Portugal unter Beweis stellte. Seine Tore pflegt der schmächtige Mittelfeldspieler mit Capoeira, einem brasilianischen Kampftanz, zu feiern. Seine Kampfansage an Ferguson war möglicherweise ein Schritt Richtung Vereinswechsel. Viele Top-Klubs würden sich um den neuen Ronaldo reissen. ■

STATISTIK
WM-Qualifikation

EUROPA (UEFA)

Gruppe 1
Spiele

Ungarn – Dänemark	0:0
Albanien – Schweden	0:0
Malta – Portugal	0:4
Schweden – Ungarn	2:1
Albanien – Malta	3:0
Portugal – Dänemark	2:3
Schweden – Portugal	0:0
Dänemark – Malta	3:0
Ungarn – Albanien	2:0
Portugal – Albanien	0:0
Malta – Ungarn	0:1
Malta – Albanien	0:0
Portugal – Schweden	0:0
Albanien – Ungarn	0:1
Malta – Dänemark	0:3
Dänemark – Albanien	3:0
Ungarn – Malta	3:0
Schweden – Dänemark	0:1
Albanien – Portugal	1:2
Schweden – Malta	4:0
Dänemark – Portugal	1:1
Ungarn – Schweden	1:2
Ungarn – Portugal	0:1
Albanien – Dänemark	1:1
Malta – Schweden	0:1
Portugal – Ungarn	3:0
Dänemark – Schweden	1:0
Portugal – Malta	4:0
Schweden – Albanien	4:1
Dänemark – Ungarn	0:1

Tabelle

1. Dänemark	10	6	3	1	16:5	21
2. Portugal	10	5	4	1	17:5	19
3. Schweden	10	5	3	2	13:5	18
4. Ungarn	10	5	1	4	10:8	16
5. Albanien	10	1	4	5	6:13	7
6. Malta	10	0	1	9	0:26	1

Gruppe 2
Spiele

Moldawien – Lettland	1:2
Luxemburg – Griechenland	0:3
Israel – Schweiz	2:2
Moldawien – Israel	1:2
Lettland – Griechenland	0:2
Schweiz – Luxemburg	1:2
Luxemburg – Israel	1:3
Schweiz – Lettland	2:1
Griechenland – Moldawien	3:0
Lettland – Israel	1:1
Luxemburg – Moldawien	0:0
Griechenland – Schweiz	1:2
Luxemburg – Lettland	0:4
Israel – Griechenland	1:1
Moldawien – Schweiz	0:2
Lettland – Luxemburg	2:0
Griechenland – Israel	2:1
Schweiz – Moldawien	2:0
Israel – Lettland	0:1
Moldawien – Luxemburg	0:0
Schweiz – Griechenland	2:0
Israel – Luxemburg	7:0
Lettland – Schweiz	2:2
Moldawien – Griechenland	1:1
Griechenland – Lettland	5:2
Israel – Moldawien	3:1
Luxemburg – Schweiz	0:3
Lettland – Moldawien	3:2
Griechenland – Luxemburg	2:1
Schweiz – Israel	0:0

Tabelle

1. Schweiz	10	6	3	1	18:8	21
2. Griechenland	10	6	2	2	20:10	20
3. Lettland	10	5	2	3	18:15	17
4. Israel	10	4	4	2	20:10	16
5. Luxemburg	10	1	2	7	4:25	5
6. Moldawien	10	0	3	7	6:18	3

Gruppe 3
Spiele

Slowakei – Nordirland	2:1
Polen – Slowenien	1:1
San Marino – Polen	0:2
Nordirland – Tschechien	0:0
Slowenien – Slowakei	2:1
Polen – Tschechien	2:1
San Marino – Slowakei	1:3
Slowenien – Nordirland	2:0
Slowakei – Polen	2:1
Nordirland – San Marino	4:0
Tschechien – Slowenien	1:0
San Marino – Tschechien	0:3
San Marino – Nordirland	0:3
Nordirland – Polen	3:2
Slowenien – Tschechien	0:0
Tschechien – Slowakei	1:2
Polen – San Marino	10:0
Nordirland – Slowenien	1:0
Slowakei – San Marino	7:0
Slowenien – San Marino	5:0
Slowakei – Tschechien	2:2
Polen – Nordirland	1:1
Nordirland – Slowakei	0:2
Slowenien – Polen	3:0
Tschechien – San Marino	7:0
Tschechien – Polen	2:0
Slowakei – Slowenien	0:2
Polen – Slowakei	0:1
San Marino – Slowenien	0:3
Tschechien – Nordirland	0:0

Tabelle

1. Slowakei	10	7	1	2	22:10	22
2. Slowenien	10	6	2	2	18:4	20
3. Tschechien	10	4	4	2	17:6	16
4. Nordirland	10	4	3	3	13:9	15
5. Polen	10	3	2	5	19:14	11
6. San Marino	10	0	0	10	1:47	0

Gruppe 4
Spiele

Wales – Aserbaidschan	1:0
Liechtenstein – Deutschland	0:6
Russland – Wales	2:1
Aserbaidschan – Liechtenstein	0:0
Finnland – Deutschland	3:3
Deutschland – Russland	2:1
Finnland – Aserbaidschan	1:0
Wales – Liechtenstein	2:0
Deutschland – Wales	1:0
Russland – Finnland	3:0
Deutschland – Liechtenstein	4:0
Russland – Aserbaidschan	2:0
Wales – Finnland	0:2
Wales – Deutschland	0:2
Liechtenstein – Russland	0:1
Finnland – Liechtenstein	2:1
Aserbaidschan – Wales	0:1
Finnland – Russland	0:3
Aserbaidschan – Deutschland	0:2
Russland – Liechtenstein	3:0
Aserbaidschan – Finnland	1:2
Deutschland – Aserbaidschan	4:0
Wales – Russland	1:3
Liechtenstein – Finnland	1:1
Russland – Deutschland	0:1
Finnland – Wales	2:1
Liechtenstein – Aserbaidschan	0:2
Deutschland – Finnland	1:1
Aserbaidschan – Russland	1:1
Liechtenstein – Wales	0:2

Tabelle

1. Deutschland	10	8	2	0	26:5	26
2. Russland	10	7	1	2	19:6	22
3. Finnland	10	5	3	2	14:14	18
4. Wales	10	4	0	6	9:12	12
5. Aserbaidsch.	10	1	2	7	4:14	5
6. Liechtenstein	10	0	2	8	2:23	2

Gruppe 5
Spiele

Spanien – Bosnien	1:0
Belgien – Estland	3:2
Armenien – Türkei	0:2
Türkei – Belgien	1:1
Bosnien – Estland	7:0
Spanien – Armenien	4:0
Belgien – Armenien	2:0
Türkei – Bosnien	2:1
Estland – Spanien	0:3
Bosnien – Armenien	4:1
Belgien – Spanien	1:2
Estland – Türkei	0:0
Belgien – Bosnien	2:4
Armenien – Estland	2:2

Stéphane Grichting nach seinem erlösenden 1:0 gegen Griechenland.

STATISTIK

113

Spanien – Türkei	1:0	Kasachstan – Ukraine	1:3	5. Kasachstan 10 2 0 8 11:29 6	Österreich – Litauen	2:1
Bosnien – Belgien	2:1	Andorra – Weissrussland	1:3	6. Andorra 10 0 0 10 3:39 0	Frankreich – Österreich	3:1
Estland – Armenien	1:0	Kroatien – England	1:4		Rumänien – Färöer	3:1
Türkei – Spanien	1:2	Ukraine – Kroatien	0:0	**Gruppe 7**	Litauen – Serbien	2:1
Armenien – Bosnien	0:2	England – Kasachstan	5:1	**Spiele**		
Spanien – Belgien	5:0	Kroatien – Andorra	4:0	Rumänien – Litauen	0:3	**Tabelle**	
Türkei – Estland	4:2	Weissrussland – England	1:3	Serbien – Färöer	2:0	1. Serbien 10 7 1 2 22:8 22
Armenien – Belgien	2:1	England – Ukraine	2:1	Österreich – Frankreich	3:1	2. Frankreich 10 6 3 1 18:9 21
Bosnien – Türkei	1:1	Andorra – Kroatien	0:2	Färöer – Rumänien	0:1	3. Österreich 10 4 2 4 14:15 14
Spanien – Estland	3:0	Kasachstan – Weissrussland	1:5	Litauen – Österreich	2:0	4. Litauen 10 4 0 6 10:11 12
Estland – Bosnien	0:2	Kroatien – Ukraine	2:2	Frankreich – Serbien	2:1	5. Rumänien 10 3 3 4 12:18 12
Armenien – Spanien	1:2	Kasachstan – England	0:4	Rumänien – Frankreich	2:2	6. Färöer 10 1 1 8 5:20 4
Belgien – Türkei	2:0	Weissrussland – Andorra	5:1	Serbien – Litauen	3:0		
Bosnien – Spanien	2:5	Ukraine – Kasachstan	2:1	Färöer – Österreich	1:1	**Gruppe 8**	
Estland – Belgien	2:0	England – Andorra	6:0	Litauen – Färöer	1:0	**Spiele**	
Türkei – Armenien	2:0	Weissrussland – Kroatien	1:3	Österreich – Serbien	1:3	Zypern – Italien	1:2
		Ukraine – Andorra	5:0	Rumänien – Serbien	2:3	Georgien – Irland	1:2
Tabelle		Kroatien – Weissrussland	1:0	Litauen – Frankreich	0:1	Montenegro – Bulgarien	2:2
1. Spanien 10 10 0 0 28:5 30		England – Kroatien	5:1	Frankreich – Litauen	1:0	Montenegro – Irland	0:0
2. Bosnien 10 6 1 3 25:13 19		Weissrussland – Ukraine	0:0	Österreich – Rumänien	2:1	Italien – Georgien	2:0
3. Türkei 10 4 3 3 13:10 15		Andorra – Kasachstan	1:3	Serbien – Österreich	1:0	Bulgarien – Italien	0:0
4. Belgien 10 3 1 6 13:20 10		Ukraine – England	1:0	Litauen – Rumänien	0:1	Georgien – Zypern	1:1
5. Estland 10 2 2 6 9:24 8		Weissrussland – Kasachstan	4:0	Färöer – Serbien	0:2	Italien – Montenegro	2:1
6. Armenien 10 1 1 8 6:22 4		Kasachstan – Kroatien	1:2	Färöer – Frankreich	0:1	Irland – Zypern	1:0
		Andorra – Ukraine	0:6	Frankreich – Rumänien	1:1	Georgien – Bulgarien	0:0
Gruppe 6		England – Weissrussland	3:0	Österreich – Färöer	3:1	Irland – Georgien	2:1
Spiele				Rumänien – Österreich	1:1	Montenegro – Italien	0:2
Kasachstan – Andorra	3:0	**Tabelle**		Serbien – Frankreich	1:1	Zypern – Georgien	2:1
Kroatien – Kasachstan	3:0	1. England 10 9 0 1 34:6 27		Färöer – Litauen	2:1	Irland – Bulgarien	1:1
Andorra – England	0:2	2. Ukraine 10 6 3 1 21:6 21		Frankreich – Färöer	5:0	Italien – Irland	1:1
Ukraine – Weissrussland	1:0	3. Kroatien 10 6 2 2 19:13 20		Serbien – Rumänien	5:0	Bulgarien – Zypern	2:0
		4. Weissruss. 10 4 1 5 19:14 13					

WM 2010

STATISTIK WM-Qualifikation

Messi und Co. hatten in der WM-Quali Mühe, sich freizuspielen.

Georgien – Montenegro	0:0
Zypern – Montenegro	2:2
Bulgarien – Irland	1:1
Georgien – Italien	0:2
Zypern – Irland	1:2
Bulgarien – Montenegro	4:1
Italien – Bulgarien	2:0
Montenegro – Zypern	1:1
Irland – Italien	2:2
Zypern – Bulgarien	4:1
Montenegro – Georgien	2:1
Italien – Zypern	3:2
Irland – Montenegro	0:0
Bulgarien – Georgien	6:2

Tabelle

1. Italien	10	7	3	0	18:7	24
2. Irland	10	4	6	0	12:8	18
3. Bulgarien	10	3	5	2	17:13	14
4. Zypern	10	2	3	5	14:16	9
5. Monteneg.	10	1	6	3	9:14	9
6. Georgien	10	0	3	7	7:19	3

Gruppe 9
Spiele

Norwegen – Island	2:2
Mazedonien – Schottland	1:0
Mazedonien – Niederlande	1:2
Island – Schottland	1:2
Niederlande – Island	2:0
Schottland – Norwegen	0:0
Norwegen – Niederlande	0:1
Island – Mazedonien	1:0
Niederlande – Schottland	3:0
Niederlande – Mazedonien	4:0
Schottland – Island	2:1
Mazedonien – Norwegen	0:0
Island – Niederlande	1:2
Niederlande – Norwegen	2:0
Mazedonien – Island	2:0
Norwegen – Schottland	4:0
Schottland – Mazedonien	2:0
Island – Norwegen	1:1
Schottland – Niederlande	0:1
Norwegen – Mazedonien	2:1

Tabelle

1. Niederlande	8	8	0	0	17:2	24
2. Norwegen	8	2	4	2	9:7	10
3. Schottland	8	3	1	4	6:11	10
4. Mazedonien	8	2	1	5	5:11	7
5. Island	8	1	2	5	7:13	5

Europa-Barrage

Griechenland – Ukraine	0:0
Ukraine – Griechenland	0:1
Portugal – Bosnien	1:0
Bosnien – Portugal	0:1
Irland – Frankreich	0:1
Frankreich – Irland	1:1 n.V.
Russland – Slowenien	2:1
Slowenien – Russland	1:0

SÜDAMERIKA (CONMEBOL)

Spiele

Uruguay – Bolivien	5:0
Argentinien – Chile	2:0
Ecuador – Venezuela	0:1
Peru – Paraguay	0:0
Kolumbien – Brasilien	0:0
Venezuela – Argentinien	0:2
Bolivien – Kolumbien	0:0
Paraguay – Uruguay	1:0
Chile – Peru	2:0
Brasilien – Ecuador	5:0
Argentinien – Bolivien	3:0
Kolumbien – Venezuela	1:0
Paraguay – Ecuador	5:1
Uruguay – Chile	2:2
Peru – Brasilien	1:1
Venezuela – Bolivien	5:3
Kolumbien – Argentinien	2:1
Ecuador – Peru	5:1
Brasilien – Uruguay	2:1
Chile – Paraguay	0:3
Uruguay – Venezuela	1:1
Peru – Kolumbien	1:1
Paraguay – Brasilien	2:0
Argentinien – Ecuador	1:1
Bolivien – Chile	0:2
Uruguay – Peru	6:0
Bolivien – Paraguay	4:2
Ecuador – Kolumbien	0:0
Brasilien – Argentinien	0:0
Venezuela – Chile	2:3
Argentinien – Paraguay	1:1
Ecuador – Bolivien	3:1
Kolumbien – Uruguay	0:1
Peru – Venezuela	1:0
Chile – Brasilien	0:3
Paraguay – Venezuela	2:0
Uruguay – Ecuador	0:0
Chile – Kolumbien	4:0
Brasilien – Bolivien	0:0
Peru – Argentinien	1:1
Bolivien – Peru	3:0
Argentinien – Uruguay	2:1
Kolumbien – Paraguay	0:1
Venezuela – Brasilien	0:4
Ecuador – Chile	1:0
Bolivien – Uruguay	2:2
Paraguay – Peru	1:0
Chile – Argentinien	1:0
Brasilien – Kolumbien	0:0
Venezuela – Ecuador	3:1
Uruguay – Paraguay	2:0
Kolumbien – Bolivien	2:0
Argentinien – Venezuela	4:0
Peru – Chile	1:3
Ecuador – Brasilien	1:1
Venezuela – Kolumbien	2:0
Bolivien – Argentinien	6:1
Brasilien – Peru	3:0
Chile – Uruguay	0:0
Ecuador – Paraguay	1:1
Uruguay – Brasilien	0:4
Bolivien – Venezuela	0:1
Argentinien – Kolumbien	1:0
Paraguay – Chile	0:2
Peru – Ecuador	1:2
Ecuador – Argentinien	2:0
Kolumbien – Peru	1:0
Venezuela – Uruguay	2:2
Chile – Bolivien	4:0
Brasilien – Paraguay	2:1
Kolumbien – Ecuador	2:0
Peru – Uruguay	1:0
Paraguay – Bolivien	1:0
Argentinien – Brasilien	1:3
Chile – Venezuela	2:2
Bolivien – Ecuador	1:3
Uruguay – Kolumbien	3:1
Paraguay – Argentinien	1:0
Venezuela – Peru	3:1
Brasilien – Chile	4:2
Kolumbien – Chile	2:4
Ecuador – Uruguay	1:2
Venezuela – Paraguay	1:2
Argentinien – Peru	2:1
Bolivien – Brasilien	2:1
Paraguay – Kolumbien	0:2
Uruguay – Argentinien	0:1
Chile – Ecuador	1:0
Brasilien – Venezuela	0:0
Peru – Bolivien	1:0

Tabelle

1. Brasilien	18	9	7	2	33:11	34
2. Chile	18	10	3	5	32:22	33
3. Paraguay	18	10	3	5	24:16	33
4. Argentinien	18	8	4	6	23:20	28
5. Uruguay	18	6	6	6	28:20	24
6. Ecuador	18	6	5	7	22:26	23
7. Kolumbien	18	6	5	7	14:18	23
8. Venezuela	18	6	4	8	23:29	22
9. Bolivien	18	4	3	11	22:36	15
10. Peru	18	3	4	11	11:34	13

STATISTIK

Nord-/Zentralamerika und Karibik (CONCACAF)

Spiele

Costa Rica – Honduras	2:0
El Salvador – Trinid. & T.	2:2
USA – Mexiko	2:0
Mexiko – Costa Rica	2:0
Trinid. & T. – Honduras	1:1
El Salvador – USA	2:2
Costa Rica – El Salvador	1:0
USA – Trinid. & T.	3:0
Honduras – Mexiko	3:1
Costa Rica – USA	3:1
Trinid. & T. – Costa Rica	2:3
El Salvador – Mexiko	2:1
USA – Honduras	2:1
Mexiko – Trinid. & T.	2:1
Honduras – El Salvador	1:0
Honduras – Costa Rica	4:0
Trinid. & T. – El Salvador	1:0
Mexiko – USA	2:1
Costa Rica – Mexiko	0:3
Honduras – Trinid. & T.	4:1
USA – El Salvador	2:1
El Salvador – Costa Rica	1:0
Trinid. & T. – USA	0:1
Mexiko – Honduras	1:0
Costa Rica – Trinid. & T.	4:0
Mexiko – El Salvador	4:1
Honduras – USA	2:3
USA – Costa Rica	2:2
Trinid. & T. – Mexiko	2:2
El Salvador – Honduras	0:1

Tabelle

1. USA	10	6	2	2	19:13	20
2. Mexiko	10	6	1	3	16:10	19
3. Honduras	10	5	1	4	17:11	16
4. Costa Rica	10	5	1	4	15:15	16
5. El Salvador	10	2	2	6	9:15	8
6. Trinid. & T.	10	1	3	6	10:22	6

Asien (AFC)

Gruppe 1
Spiele

Bahrain – Japan	2:3
Katar – Usbekistan	3:0
Usbekistan – Australien	0:1
Katar – Bahrain	1:1
Australien – Katar	4:0
Japan – Usbekistan	1:1
Bahrain – Australien	0:1
Katar – Japan	0:3
Japan – Australien	0:0
Usbekistan – Bahrain	0:1
Japan – Bahrain	1:0
Usbekistan – Katar	4:0
Australien – Usbekistan	2:0
Bahrain – Katar	1:0
Katar – Australien	0:0
Usbekistan – Japan	0:1
Australien – Bahrain	2:0
Japan – Katar	1:1
Australien – Japan	2:1
Bahrain – Usbekistan	1:0

Tabelle

1. Australien	8	6	2	0	12:1	20
2. Japan	8	4	3	1	11:6	15
3. Bahrain	8	3	1	4	6:8	10
4. Katar	8	1	3	4	5:14	6
5. Usbekistan	8	1	1	6	5:10	4

Gruppe 2
Spiele

Saudi-Arabien – Iran	1:1
VAE – Nordkorea	1:2
Nordkorea – Südkorea	1:1
VAE – Saudi-Arabien	1:2
Südkorea – VAE	4:1
Iran – Nordkorea	2:1
Saudi-Arabien – Südkorea	0:2
VAE – Iran	1:1
Iran – Südkorea	1:1
Nordkorea – Saudi-Arabien	1:0
Iran – Saudi-Arabien	1:2
Nordkorea – VAE	2:0
Südkorea – Nordkorea	1:0
Saudi-Arabien – VAE	3:2
VAE – Südkorea	0:2
Nordkorea – Iran	0:0
Südkorea – Saudi-Arabien	0:0
Iran – VAE	1:0
Südkorea – Iran	1:1
Saudi-Arabien – Nordkorea	0:0

Tabelle

1. Südkorea	8	4	4	0	12:4	16
2. Nordkorea	8	3	3	2	7:5	12
3. Saudi-Arabien	8	3	3	2	8:8	12
4. Iran	8	2	5	1	8:7	11
5. VAE	8	0	1	7	6:17	1

Asien-Barrage

Bahrain – Saudi-Arabien	0:0
Saudi-Arabien – Bahrain	2:2

Afrika (CAF)

Gruppe 1
Spiele

Marokko – Gabun	1:2
Togo – Kamerun	1:0
Gabun – Togo	3:0
Kamerun – Marokko	0:0
Marokko – Togo	0:0
Gabun – Kamerun	0:2
Togo – Marokko	1:1
Kamerun – Gabun	2:1
Kamerun – Togo	3:0
Gabun – Marokko	3:1
Marokko – Kamerun	0:2
Togo – Gabun	1:0

Tabelle

1. Kamerun	6	4	1	1	9:2	13
2. Gabun	6	3	0	3	9:7	9
3. Togo	6	2	2	2	3:7	8
4. Marokko	6	0	3	3	3:8	3

Gruppe 2
Spiele

Kenia – Tunesien	1:2
Mosambik – Nigeria	0:0
Tunesien – Mosambik	2:0
Nigeria – Kenia	3:0
Tunesien – Nigeria	0:0
Kenia – Mosambik	2:1
Nigeria – Tunesien	2:2
Mosambik – Kenia	1:0
Nigeria – Mosambik	1:0
Tunesien – Kenia	1:0
Mosambik – Tunesien	1:0
Kenia – Nigeria	2:3

Tabelle

1. Nigeria	6	3	3	0	9:4	12
2. Tunesien	6	3	2	1	7:4	11
3. Mosambik	6	2	1	3	3:5	7
4. Kenia	6	1	0	5	5:11	3

Gruppe 3
Spiele

Ruanda – Algerien	0:0
Ägypten – Sambia	1:1
Sambia – Ruanda	1:0
Algerien – Ägypten	3:1
Sambia – Algerien	0:2
Ägypten – Ruanda	3:0
Ruanda – Ägypten	0:1
Algerien – Sambia	1:0
Sambia – Ägypten	0:1
Algerien – Ruanda	3:1
Ruanda – Sambia	0:0
Ägypten – Algerien	2:0

Tabelle

1. Algerien	6	4	1	1	9:4	13
1. Ägypten	6	4	1	1	9:4	13
3. Sambia	6	1	2	3	2:5	5
4. Ruanda	6	0	2	4	1:8	2

Südafrika darf sich auf farbenfrohe Fans aus Australien freuen.

WM 2010

STATISTIK — WM-Qualifikation

Das wohl dramatischste Spiel der WM-Quali: Algerien – Ägypten.

Entscheidungsspiel*

Algerien – Ägypten 1:0 (1:0)

*Nach den regulären Spielen waren Ägypten und Algerien in ihrer Gruppe punktgleich (13 Pkt.), hatten in allen Spielen der Gruppe 3 insgesamt die gleiche Tordifferenz erreicht (+5) und dabei die gleiche absolute Torzahl geschossen (9). Im direkten Spiel gegeneinander hatten sie jeweils einmal gewonnen (3 Pkt.) und dabei die gleiche Tordifferenz (3:3) erzielt. Nach den FIFA-Regeln wurde daraufhin auf den Losentscheid zwischen beiden Mannschaften verzichtet und stattdessen ein Entscheidungsspiel in einem neutralen Land festgesetzt, dessen Gewinner sich endgültig für die WM-Teilnahme qualifizierte.

Gruppe 4
Spiele

Sudan – Mali	1:1
Ghana – Benin	1:0
Benin – Sudan	1:0
Mali – Ghana	0:2
Sudan – Ghana	0:2
Mali – Benin	3:1
Benin – Mali	1:1
Ghana – Sudan	2:0
Mali – Sudan	1:0
Benin – Ghana	1:0
Sudan – Benin	1:2
Ghana – Mali	2:2

Tabelle

1. Ghana	6	4	1	1	9:3	13
2. Benin	6	3	1	2	6:6	10
3. Mali	6	2	3	1	8:7	9
4. Sudan	6	0	1	5	2:9	1

Gruppe 5
Spiele

Burkina Faso – Guinea	4:2
Elfenbeinküste – Malawi	5:0
Guinea – Elfenbeinküste	1:2
Malawi – Burkina Faso	0:1
Burkina Faso – Elfenbeinküste	2:3
Guinea – Malawi	2:1
Malawi – Guinea	2:1
Elfenbeinküste – Burkina Faso	5:0
Malawi – Elfenbeinküste	1:1
Guinea – Burkina Faso	1:2
Burkina Faso – Malawi	1:0
Elfenbeinküste – Guinea	3:0

Tabelle

1. Elfenbeink.	6	5	1	0	19:4	16
2. Burkina F.	6	4	0	2	10:11	12
3. Malawi	6	1	1	4	4:11	4
4. Guinea	6	1	0	5	7:14	3

Ozeanien (OFC)

Spiele

Fidschi – Neuseeland	0:2
Vanuatu – Neuseeland	1:2
Fidschi – Neukaledonien	3:3
Neuseeland – Vanuatu	4:1
Neukaledonien – Fidschi	4:0
Vanuatu – Neukaledonien	1:1
Neukaledonien – Vanuatu	3:0
Neukaledonien – Neuseeland	1:3
Fidschi – Vanuatu	2:0
Neuseeland – Neukaledonien	3:0
Vanuatu – Fidschi	2:1
Neuseeland – Fidschi	0:2

Tabelle

1. Neuseel.	6	5	0	1	14:5	15
2. Neukaled.	6	2	2	2	12:10	8
3. Fidschi	6	2	1	3	8:11	7
4. Vanuatu	6	1	1	4	5:13	4

Barrage Asien – Ozeanien
Bahrain – Neuseeland	0:0
Neuseeland – Bahrain	1:0

Barrage Südamerika – Nord-/Zentralamerika
Costa Rica – Uruguay	0:1 (0:1)
Uruguay – Costa Rica	1:1 (0:1)

WM-Rekorde

Mannschaften

Die meisten WM-Teilnahmen

Land	WM-Teilnahmen
Brasilien	18
Deutschland	16
Italien	16
Argentinien	14
Mexiko	13
England	12
Frankreich	12
Spanien	12
Belgien	11
Schweden	11
Uruguay	10

Die meisten WM-Titel

Land	WM-Titel
Brasilien	5
Italien	4
Deutschland	3
Argentinien	2
Uruguay	2
England	1
Frankreich	1

Die meisten Platzverweise

Jahr	Gastgeber	Platzverw.
1930	Uruguay	1
1934	Italien	1
1938	Frankreich	4
1950	Brasilien	0
1954	Schweiz	3
1958	Schweden	3
1962	Chile	6
1966	England	5
1970	Mexiko	0
1974	Deutschland	5
1978	Argentinien	3
1982	Spanien	5
1986	Mexiko	8
1990	Italien	16
1994	USA	15
1998	Frankreich	22
2002	Südkorea/Japan	17
2006	Deutschland	28

Turniere

WM-Übersicht: Spiele, Tore, Zuschauer

Jahr	Gastgeber	Teams	Spiele	Tore gesamt	Tore pro Spiel	Zuschauer gesamt	Zuschauer pro Spiel
1930	Uruguay	13	18	70	3,89	434 000	24 111
1934	Italien	16	17	70	4,12	395 000	23 235
1938	Frankreich	15	18	84	4,67	483 000	26 833
1950	Brasilien	13	22	88	4,00	1 337 000	60 773
1954	Schweiz	16	26	140	5,38	943 000	36 269
1958	Schweden	16	35	126	3,60	868 000	24 800
1962	Chile	16	32	89	2,78	776 000	24 250
1966	England	16	32	89	2,78	1 614 677	50 459
1970	Mexiko	16	32	95	2,97	1 673 975	52 312
1974	Deutschland	16	38	97	2,55	1 744 022	46 685
1978	Argentinien	16	38	102	2,68	1 610 215	42 374
1982	Spanien	24	52	146	2,81	1 856 277	35 698
1986	Mexiko	24	52	132	2,54	2 407 431	46 297
1990	Italien	24	52	115	2,21	2 517 348	48 411
1994	USA	24	52	141	2,71	3 587 538	68 991
1998	Frankreich	32	64	171	2,67	2 785 100	43 517
2002	Südko./Japan	32	64	161	2,52	2 705 197	42 274
2006	Deutschland	32	64	147	2,30	3 359 439	52 491
Gesamt			644	2063	3,20	31 097 219	48 287

und Statistiken

Spieler

WM-Torschützenkönige

WM	Spieler	Tore
1930 Uruguay	Guillermo Stábile (Argentinien)	8
1934 Italien	Oldřich Nejedlý (Tschechoslow.)	5
1938 Frankreich	Leônidas (Brasilien)	7
1950 Brasilien	Ademir (Brasilien)	9
1954 Schweiz	Sándor Kocsis (Ungarn)	11
1958 Schweden	Just Fontaine (Frankreich)	13
1962 Chile	Garrincha (Brasilien)	
	Vavá (Brasilien)	
	Leonel Sánchez (Chile)	
	Dražen Jerkoviç (Jugoslawien)	
	Walentin Iwanow (Sowjetunion)	
	Flórián Albert (Ungarn)	je 4
1966 England	Eusébio (Portugal)	9
1970 Mexiko	Gerd Müller (Deutschland)	10
1974 Deutschland	Grzegorz Lato (Polen)	7
1978 Argentinien	Mario Kempes (Argentinien)	6
1982 Spanien	Paolo Rossi (Italien)	6
1986 Mexiko	Gary Lineker (England)	6
1990 Italien	Salvatore Schillaci (Italien)	6
1994 USA	Christo Stoitschkow (Bulgarien)	
	Oleg Salenko (Russland)	je 6
1998 Frankreich	Davor Suker (Kroatien)	6
2002 Südkorea/Japan	Ronaldo (Brasilien)	8
2006 Deutschland	Miroslav Klose (Deutschland)	5

Die meisten WM-Teilnahmen

Spieler	Land	Teilnahmen	Turniere
Antonio Carbajal	Mexiko	5	1950, 1954, 1958, 1962, 1966
Lothar Matthäus	Deutschland	5	1982, 1986, 1990, 1994, 1998
Mohammed Al Deayea	Saudi-Arabien	4	1994, 1998, 2002, 2006
Sami Al Jaber	Saudi-Arabien	4	1994, 1998, 2002, 2006
Giuseppe Bergomi	Italien	4	1982, 1986, 1990, 1998
Cafu	Brasilien	4	1994, 1998, 2002, 2006
Oliver Kahn	Deutschland	4	1994, 1998, 2002, 2006
Kasey Keller	USA	4	1990, 1998, 2002, 2006
Paolo Maldini	Italien	4	1990, 1994, 1998, 2002
Diego Maradona	Argentinien	4	1982, 1986, 1990, 1994
Pelé	Brasilien	4	1958, 1962, 1966, 1970
Claudio Reyna	USA	4	1994, 1998, 2002, 2006
Gianni Rivera	Italien	4	1962, 1966, 1970, 1974
Pedro Rocha	Uruguay	4	1962, 1966, 1970, 1974
Ronaldo	Brasilien	4	1994, 1998, 2002, 2006
Djalma Santos	Brasilien	4	1954, 1958, 1962, 1966
Enzo Scifo	Belgien	4	1986, 1990, 1994, 1998
Karl-H. Schnellinger	Deutschland	4	1958, 1962, 1966, 1970
Uwe Seeler	Deutschland	4	1958, 1962, 1966, 1970
Frankie van der Elst	Belgien	4	1986, 1990, 1994, 1998
Wladislav Zmuda	Polen	4	1974, 1978, 1982, 1986
Andoni Zubizarreta	Spanien	4	1986, 1990, 1994, 1998

Die meisten WM-Einsätze

Spieler	Land	Spiele
Lothar Matthäus	Deutschland	25
Paolo Maldini	Italien	23
Diego Maradona	Argentinien	21
Uwe Seeler	Deutschland	21
Wladislav Zmuda	Polen	21
Fabien Barthez	Frankreich	20
Cafu	Brasilien	20
Grzegorz Lato	Polen	20
Wolfgang Overath	Deutschland	19
Karl-H. Rummenigge	Deutschland	19
Berti Vogts	Deutschland	19
Franz Beckenbauer	Deutschland	18
Carlos Dunga	Brasilien	18
Mario Kempes	Argentinien	18
Pierre Littbarski	Deutschland	18
Sepp Maier	Deutschland	18
Gaetano Scirea	Italien	18
Claudio Taffarel	Brasilien	18

Die meisten Tore

Spieler	Land	Spiele
Ronaldo	Brasilien	15
Gerd Müller	Deutschland	14
Just Fontaine	Frankreich	13
Pelé	Brasilien	12
Sándor Kocsis	Ungarn	11
Jürgen Klinsmann	Deutschland	11
Helmut Rahn	Deutschland	10
Teofilo Cubillas	Peru	10
Grzegorz Lato	Polen	10
Gary Lineker	England	10
Gabriel Batistuta	Argentinien	10
Miroslav Klose	Deutschland	10

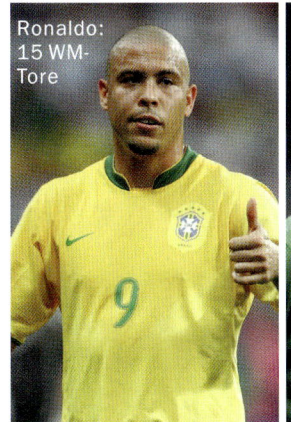

Ronaldo: 15 WM-Tore

Gerd Müller: 14 WM-Tore.

HISTORY

Verrückte WM

10 kuriose Geschichten aus

Kein Ereignis der Welt erzeugt dermassen nationale Gefühle wie eine Fussball-Weltmeisterschaft. Es sind dabei auch die kuriosen, verrückten und tragischen Geschichten, die die Faszination der WM ausmachen.

Das klare Handspiel von Maradona, das in die Fussball-Geschichte einging.

Diego Maradona: Die Hand Gottes besiegt England

1 Diego Maradona – ein Fussballer, der seine Geschichte mit der Hand schrieb, mit seiner linken Hand. Ausgerechnet dieser Maradona, der für das Spiel mit dem Fussball geboren schien, benutzte die Hand. So wird dieser melodische Name Diego Armando Maradona für immer mit einem Tor verbunden werden, das niemals hätte Anerkennung finden dürfen.

Es ist das Tor der «Hand Gottes». «La mano de dios». 22. Juni 1986. Es ist das Spiel, über das der Falkland-Krieg seinen Schatten wirft. Und es ist das Spiel des Schiedsrichters Ali Ben-Naceur aus Tunesien, dessen Wahrnehmungsvermögen wohl beeinträchtigt war. In der Partie Argentinien gegen England läuft die 51. Minute – die Ereignisse im Detail: Maradona liess Glenn Hoddle mit einem Dribbling elegant aussteigen, versuchte am Strafraum einen Doppelpass mit Valdano zu spielen. Der Engländer fuhr dazwischen und fabrizierte unglücklich eine hohe Rückgabe zu seinem Goalie Peter Shilton.

Sprungkraft alleine reicht nicht

Maradona sprang dazwischen, schraubte sich mit seinen 1,66 m in den Himmel und erreichte den hoch gespielten Ball. Mit einer blitzschnellen Körperbewegung beförderte Maradona das Leder ins Tor der Briten. Der Argentinier liess sich feiern als wäre nichts gewesen.

Die Engländer reklamierten vergeblich. Auch für Schiedsrichter Ben-Naceur war die Sache klar. Maradona hatte den Ball mit dem Kopf gespielt. Die TV-Bilder belegen sogar, dass Ben-Naceur eine klare Sicht auf diese Aktion hatte, höchstens 20, 30 Meter vom Zweikampf zwischen Maradona und Shilton entfernt stand. Aber was Ben-Naceur als Kopf wahrnahm, enttarnten schon die ersten Zeitlupen-Wiederholungen Sekunden nach der umstrittenen Szene als als klares Handspiel. Der Skandal stand fest. Aber nun stand es 1:0 für Argentinien.

Nur drei Minuten nach dem Skandal-Tor erzielte Maradona auch das 2:0, das über jeden Zweifel erhaben war. Nach der Partie diktierte Maradona den Reportern folgendes in die Notizblöcke: «Also, der Ball kam geflogen. Shilton und ich sind hochgesprungen. Da habe ich die Augen zugemacht... Es war ein bisschen die Hand Gottes und ein bisschen Maradonas Kopf...»

Der Spruch von der Hand Gottes liess dieses unfaire Tor zu etwas Überirdischem werden und beründete so den Mythos Maradona mit.

HISTORY

76 Jahren Fussball-WM

WM 2010

HISTORY

Chilavert bei einem seiner gefährlichen Freistösse.

Paradiesvögel im Tor

2 José Luis Felix Chilavert (Foto oben beim Freistoss) liebte das Spektakel. Der Keeper Paraguayas an den WM's 1998 und 2002 sorgte nicht nur durch seine guten Leistungen zwischen den Pfosten für Schlagzeilen, sondern vor allem durch seine brandgefährlichen Freistösse. Chilavert war nah dran, als erter Goalie der WM-Geschichte ein Tor zu erzielen. Gegen Bulgarien feuerte er 1998 einen Freistoss Richtung Tor, aber die Latte hielt dem Schuss stand. Ein weiterer Goalie, der durch sonderbares Auftreten auffiel, war Rene Higuita. Die üblichen Aufgaben wir Ballfangen, Fausten und Werfen waren ihm zu banal. Also beschloss der Erfinder des «Skorpiontricks», wie ein Feldspieler über den Platz zu dribbeln. An der WM 1990 verdribbelte sich Higuita und kassierte von Roger Milla das 0:2.

Skurriler Abwehrversuch. Rene Higuitas «Skorpiontrick».

Fast 200 000 Zuschauer im Maracana-Stadion.

Das Wembley-Tor: Drin oder nicht drin?

3 Wo sprang der Ball auf? Vor, hinter oder auf der Linie? Kein WM-Tor, und kein WM-Finale lieferte so viel Diskussionsstoff wie dieses Wembley-Tor zum 3:2 in der Verlängerung des WM-Finals 1966 zwischen England und Deutschland. Viele haben sich daran versucht. Aber die definitive und ultimative Antwort gibt es bis heute nicht.
Während Torschütze Geoffrey Hurst jubelnd die Arme hochriss, köpfte der herbei geeilte deutsche Verteidiger Wolfgang Weber den Ball über die Torauslinie. Und so gibt es zumindest zwei Meinungen: Die Engländer behaupten, das Tor sei regulär gewesen. Alle Deutschen, ob Spieler oder Fans, sind gegenteiger Meinung: Der Ball war nicht über der Linie. Der Schweizer Ref Gottfried Dienst hatte weniger Zweifel und orientierte sich sogleich Richtung Mittellinie. Fernsehreporter liessen Filme rauf und runter laufen. Wissenschaftler analysierten mathematisch. Doch das Wembley-Tor bleibt ein Mysterium.

Noch immer ein Mysterium: Das legendäre Wembley-Tor.

Vergessener WM-Torschützenkönig: Oleg Salenko.

HISTORY

Brasiliens Schmach im Maracana

4 Für viele Brasilianer, die damals unter den nahezu 200000 Zuschauern waren, ist diese Partie immer noch Gegenwart, die Niederlage schmerzt noch heute. Ständig kommen Erinnerungen an die entscheidende Szene in der 79. Minutehoch: Ghiggia dribbelte an Bigode vorbei und rannte in den Strafraum. Anstatt wie beim ersten Tor zu flanken, schoss Ghiggia aus dem Lauf. Der Winkel war spitz und Barbosa hatte den Schuss nicht erwartet.
Er hechtete in die linke Ecke, aber es war zu spät – Tor für Uruguay. Der Fussballtempel war so still wie ein Grab. 199 854 Zuschauer sahen an diesem 16. Juli 1950 das 2:1 der Uruguayer. Der Gastgeber baute für dieses Turnier extra eine gigantische Arena für nahezu 200 000 Menschen: das Maracana – ein Fussballstadion der Superlative. Es war ein Fussball-Tempel, ein Mythos.
Aber am Ende wurde es zum Kessel voller Herzschmerz für alle Brasilianer. Die Südamerikaner mussten bis 1958 warten, ehe ein gewisser Pelé Brasilien den ersten WM-Titel schenkte.

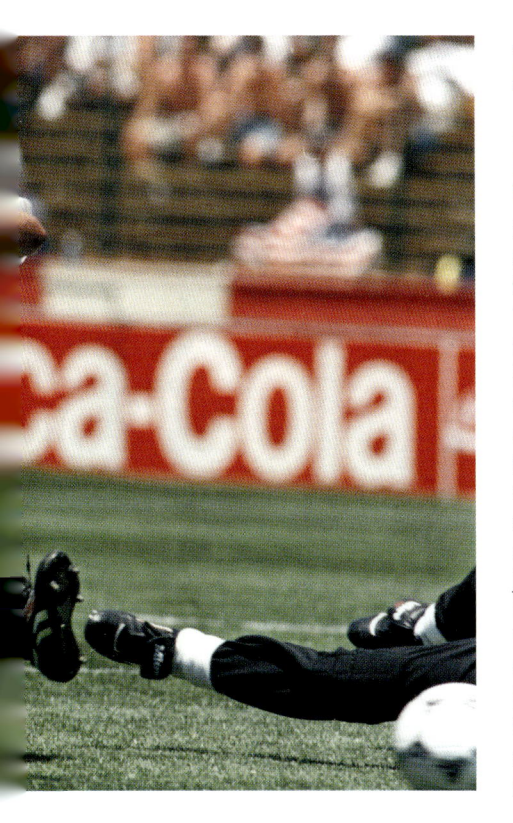

Fünf Tore in einem Spiel

5 Die Weltmeisterschaft 1994 in den USA hatte zwei Torjäger, Oleg Salenko aus Russland und Hristo Stoitchkov aus Bulgarien. Salenko bestritt nur drei Spiele und traf dabei aber sechs Mal. Allein fünf Tore gelangen ihm beim 6:1 gegen Kamerun.
Es reichte nicht, die Russen flogen raus, Salenko war verschwunden und vergessen. Der Stürmer, der am 25. Oktober 1969 in St. Petersburg geboren wurde, machte ohnehin nur sieben Länderspiele und steht mit sechs Toren zu Buche. Er spielte in jener Zeit für Zenit Leningrad und Dynamo Kiew und versilberte seine Tore bei Longrones, Valencia, den Glasgow Rangers und Istanbulspor. Eine Knieverletzung beendete seine Karriere. Hristo Stoitchkov, geboren am 8. Februar 1966, machte seine sechs Tore in sieben WM-Spielen, bestritt 87 Länderspiele (37 Tore), spielte in Plovdiv, bei ZSKA Sofia, Barcelona, Parma, im Libanon und in Japan sowie den USA, ehe er bulgarischer Nationaltrainer wurde.

Tor-Rekorde an WM's
Dass sich mehrere Spieler die WM-Torjägerkanone teilen, ist nicht neu. An der WM 1962 waren gleich sechs Spieler viermal erfolgreich.
Der absolute König der WM-Torjäger ist noch immer der Franzose Just Fontaine, der an der WM 1958 in sechs Spielen 13 Tore schoss. Nur einer schaffte es nach Fontaine nochmal zweistellig in die Torjägerliste. Gerd Müller gelangen an der WM 1970 zehn Treffer. Die meisten WM-Tore insgesamt erzielte der Brasilaner Ronaldo. An den WM's 1998, 2002 und 2006 war er insgesamt 15 Mal erfolgreich.

HISTORY

Roger Milla an der WM 1994 in den USA.

Roger Millas Makossa-Tanz

6 Die WM 1990 war die grosse Kehrtwende im Leben des Albert Roger Miller alias Roger Milla. Bei diesem Turnier erzielte er vier Tore, die er jeweils mit seinem typischen Makossa-Tanz um die Eckfahne herum feierte; ein Freudentanz, der seither von Spielern auf der ganzen Welt nachgeahmt wird. Seine beiden Treffer in der Verlängerung des Spiels gegen Kolumbien katapultierten Kamerun ins Viertelfinale. Bis dahin war das keinem Team aus Afrika gelungen. Vier Jahre später gelang Milla an der WM wieder ein Tor, womit er mit 42 Jahren zum ältesten Torschützen an einer WM wurde.

Das Jahrhundert-Spiel Deutschland – Italien

7 Der Halbfinal an der WM 1970 Deutschland gegen Italien sollte alles an Dramatik und Kampf sowie Spielwitz und Hektik in den Schatten stellen. Es wurde ein «Jahrhundert-Spiel».
Boninsegna hatte schon in der siebten Minute das 1:0 für die Italiener erzielt. Die Chancen, dieses Resultat über die Zeit zu retten, standen gut, denn Abwehrrecke Facchetti hatte Beckenbauer in seinem Strafraum böse gefoult, so dass dieser nur mit einer Armschlinge weiterspielen konnte.
Doch ausgerechnet der Milan-Legionär Karl-Heinz Schnellinger rettete die Deutschen in der 90. Minute in die Verlängerung. Dort traf Müller schnell zum 2:1, Burgnich antwortete postwendend mit dem 2:2. Riva brachte Italien 3:2 in Front. Müller besorgte das 3:3. Hektik und Dramatik, dann die Entscheidung: Gianni Rivera trifft zum 4:3. So unglücklich ist Deutschland nie zuvor ausgeschieden. Aus der Traum vom dritten Finale. Aber vom Spiel des Jahrhunderts war immer wieder die Rede.
70 000 Zuschauer bejubelten im Azteken-Stadion Sieger und Verlierer.

Franz Beckenbauer mit Armbinde.

Ein Kopfstoss beendet «Zizous» Karriere

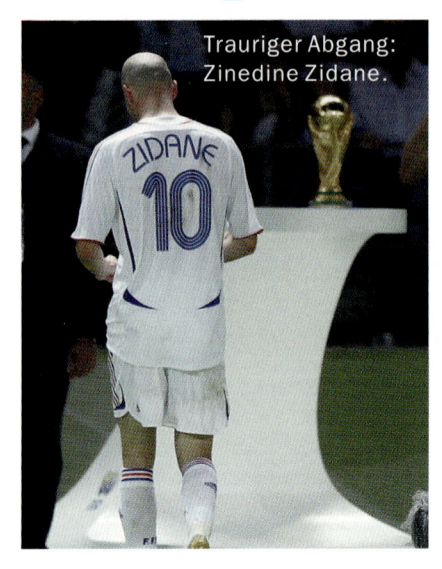

Trauriger Abgang: Zinedine Zidane.

8 Es war der traurige Abgang eines genialen Fussballspielers. In der 7. Minute des WM-Finals 2006 erzielte Zinedine Zidane noch das 1:0 per Penalty. Marco Materazzi glich in der 19. Minute per Kopfball aus. In der Folge passiert nicht mehr viel Aufregendes. Bis die beiden Torschützen in der 110. Minute der Verlängerung wieder aufeinander trafen: Materazzi hielt «Zizou» kurz am Trikot fest. Der drehte sich daraufhin zum Italiener und sagte: «Falls du wirklich mein Trikot haben willst, dann gebe ich es dir nachher». Materazzis Antwort, «Deine Schwester wäre mir lieber», liess bei Zidane die Sicherungen durchbrennen: wie ein wildgewordener Stier verpasste er dem Italiener einen Kopfstoss in den Brustkorb. Materazzi ging zu Boden, Zidane sah die Rote Karte und beendete auf denkbar unrühmliche Weise seine Karriere.
Nach dem Spiel wurde Zidane trotz seines Ausrasters ausgezeichnet. Von Journalisten wurde er zum wertvollsten Spieler der WM gewählt. Jubeln konnte er über diesen Preis wohl eher nicht. Schliesslich hatten seine übrigen Team-Kollegen das Penaltyschiessen gegen Italien knapp verloren. Zidane grübelte derweil in der Kabine über seine letzte Aktion als aktiver Fussballer.

HISTORY

Schumachers Brutalo-Foul

9 WM 1982 in Spanien. Im Halbfinal zwischen Deutschland und Frankreich steht es 1:1. In der 57. Minute spurtet Patrick Battiston in den deutschen Strafraum einem Ball entgegen.
Toni Schumacher, der deutsche Schlussmann, spurtet ebenfalls. Aber er spürt, dass der Franzose eher den Ball erreicht, springt hoch und in den Angreifer hinein. Mit seinem Hüftknochen trifft er den Kopf Battistons, der sofort benommen zu Boden fällt. Der Ball trudelt Richtung deutsches Tor; und daran vorbei. Der Schiedsrichter Corver aus Holland verweigert sowohl den fälligen Penalty als auch die Rote Karte für den Rüpel-Goalie.
Schumacher indes zeigt keine Geste der Entschuldigung, kein Zeichen von Reue, nichts. Erst 10 Tage nach dem Foul entschuldigte sich Schumacher am Krankenbett des Franzosen.

Deutschland-Goalie Toni Schumacher trifft Patrick Battiston aus vollem Lauf.

Rijkaard gegen Völler: Die Spuckaffäre

Lama-Attacke: Frank Rijkaard (r.) bespuckt Rudi Völler.

10 Die Atmosphäre im Achtelfinal zwischen Deutschland und Holland an der WM 1990 ist vergiftet. Mehrmals wird Rudi Völler von Hollands Frank Rijkaard angespuckt. Der deutsche Stürmer rastet verständlicherweise aus, brüllt und tobt. Der Schiedsrichter, der das Spiel unterbrochen hatte, kommt hinzu, zückt Rot: erst für Rijkaard, den Sünder, dann für Völler, das Opfer. Während Rijkaard schon schuldbewusst Richtung Kabine trabt, steht Völler noch immer fassungslos auf dem Rasen, als er spürt, dass nichts mehr zu ändern ist. Letztlich gewinnt Deutschland den Match und später den Titel.

HISTORY **18 WM-Sieger**

Alle Weltmeister von 1930 bis 2006

1930 Uruguay
Die erste FIFA-WM in Uruguay gewann die Heimmannschaft vor 80 000 Zuschauern mit 4:2 gegen Argentinien.

1934 Italien
Auch die zweite Fussball-WM gewann der Gastgeber. Gegen die Tschechoslowakei hiess es am Ende 2:1 nach Verlängerung.

1938 Italien
Ihren zweiten Stern holten sich die «Azzurri» nur vier Jahre später in Frankreich durch ein 4:2 im Final gegen Ungarn.

1962 Brasilien
Bei Brasiliens zweitem Triumph in Chile fiel Pelé im ersten Spiel verletzt aus. 3:1 hiess es im Final gegen die Tschechoslowakei.

1966 England
Der Schweizer Referee-Gottfried-Dienst gab das Wembley-Tor. England gewann die Heim-WM 4:2 n. V. gegen Deutschland.

1970 Brasilien
Nach seinem offiziellen Rücktritt kehrte Pelé an der WM in Mexiko in die «Seleção» zurück. Der Final endete 4:1 gegen Italien.

1986 Argentinien
Mexiko durfte als erstes Land seine zweite WM ausrichten. Den Final gewannen Maradona und Co. 3:2 gegen Deutschland.

1990 Deutschland
Ein Penalty brachte im WM-Final 1990 die Entscheidung: Brehme schoss Deutschland zum 1:0 gegen Argentinien.

1994 Brasilien
Der Final der USA-WM zwischen Brasilien und Italien enttäuschte. Im Penalty-Schiessen hatte Brasilien mehr Glück als Italien.

WM 2010

HISTORY

In 76 Jahren wurden nur sieben verschiedene Länder Fussball-Weltmeister. Dabei gelang es nur Rekord-Weltmeister Brasilien, eine WM auf einem anderen Kontinent zu gewinnen.

1950 Uruguay
Das erste Turnier nach dem Zweiten Weltkrieg gewann Uruguay im Maracana-Stadion mit 2:1 gegen Brasilien.

1954 Deutschland
Das Wunder von Bern: Deutschland gewinnt den Final überraschend gegen die favorisierten Ungarn mit 3:2.

1958 Brasilien
Der gerademal 17-jährige Pelé erzielt zwei Treffer im Final gegen Gastgeber Schweden. Brasilien gewinnt 5:2.

1974 Deutschland
Einmal mehr triumphierte das Gastgeberland. Das wohl beste deutsche Team aller Zeiten gewann den Final 2:1 gegen Holland.

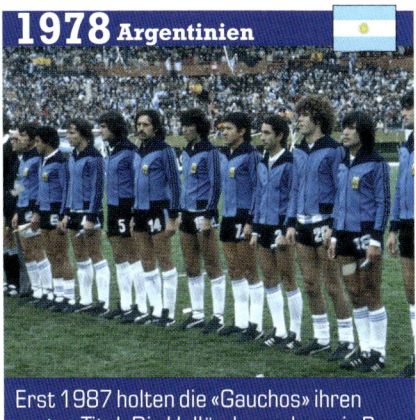

1978 Argentinien
Erst 1987 holten die «Gauchos» ihren ersten Titel. Die Holländer verloren in Buenos Aires wieder ein WM-Final (1:3 n. V.).

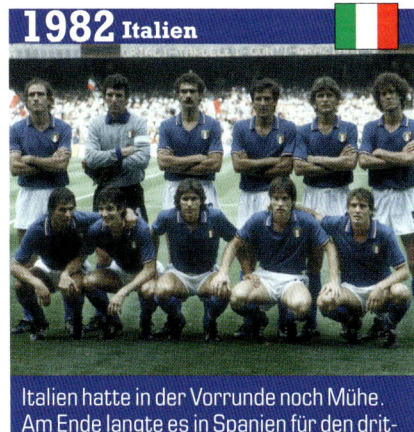

1982 Italien
Italien hatte in der Vorrunde noch Mühe. Am Ende langte es in Spanien für den dritten Stern. 3:1 im Final gegen Deutschland.

1998 Frankreich
Die Dominanz, mit der Frankreich seine Heim-WM gewann, war beeindruckend. Brasilien hatte im Final keine Chance. 0:3.

2002 Brasilien
Ein Fehler von Oliver Kahn führte im Final in Yokohama zur Vorentscheidung. Brasilien gewann 2:0 gegen Deutschland.

2006 Italien
Italien setzte den Schlusspunkt auf das Sommermärchen 2006. In Berlin holten die «Azzurri» ihren 4. Titel gegen Frankreich.

WM 2010

STATISTIK

Die Schweiz an der WM

Die 26 Schweizer WM-Partien im Detail

Von 1934 bis 1954 war die Schweiz durchgehend an allen Weltmeisterschaften dabei. An der WM 1954 im eigenen Land wurde Italien gleich zwei Mal besiegt.

Philippe Senderos erzielt 2006 das 1:0 gegen Südkorea.

WM 2006

Achtelfinal
Schweiz – Ukraine 0:0 n.V. 0:3 n.E.
26.06.2006, WM-Stadion, Köln
Zuschauerzahl: 45 000
Tore: 0:1 Artem Milevskiy, 0:2 Serhiy Rebrov, 0:3 Oleg Gusev
Startelf: P. Zuberbühler, P. Degen, P. Müller, J. Djourou, L. Magnin, T. Barnetta, J. Vogel, R. Wicky, R. Cabanas, H. Yakin, A. Frei

Vorrunde
Schweiz – Südkorea 2:0 (1:0)
23.06.2006, WM-Stadion, Hannover
Zuschauerzahl: 44 000
Tore: 1:0 Philippe Senderos (23.), 2:0 Alex Frei (77.)
Startelf: P. Zuberbühler, P. Degen, P. Müller, P. Senderos, C. Spycher, T. Barnetta, J. Vogel, R. Wicky, R. Cabanas, H. Yakin, A. Frei

Vorrunde
Togo – Schweiz 0:2 (0:1)
19.06.2006, Westfalenstadion, Dortmund
Zuschauerzahl: 65 000
Tore: 0:1 Alexander Frei (16.), 0:2 Tranquillo Barnetta (88.)
Startelf: P. Zuberbühler, P. Degen, P. Müller, P. Senderos, L. Magnin, T. Barnetta, J. Vogel, R. Wicky, R. Cabanas, D. Gygax, A. Frei

Vorrunde
Frankreich – Schweiz 0:0 (0:0)
13.06.2006, Gottlieb-Daimler-Stadion, Stuttgart
Zuschauerzahl: 53 000
Startelf: P. Zuberbühler, P. Degen, P. Senderos, P. Müller, L. Magnin, J. Vogel, T. Barnetta, R. Wicky, R. Cabanas, A. Frei, M. Streller

WM 1994

Achtelfinal
Spanien – Schweiz 3:0 (1:0)
02.07.1994, Robert F. Kennedy-Stadium, Washington
Zuschauerzahl: 53 000
Tore: 1:0 Fernando Hierro (15.), 2:0 Luis Enrique (74.), 3:0 Aitor Beguiristain (86.)
Startelf: M. Pascolo, M. Hottiger, A. Geiger, D. Herr, Y. Quentin, C. Ohrel, C. Sforza, G. Bregy, T. Bickel, A. Knup, S. Chapuisat

Vorrunde
Kolumbien – Schweiz 2:0 (1:0)
26.06.1994, Stanford, Palo Alto
Zuschauerzahl: 83 769
Tore: 1:0 Herman Gaviria (44.), 2:0 John Lozano (90.)
Startelf: M. Pascolo, M. Hottiger, A. Geiger, D. Herr, Y. Quentin, C. Ohrel, C. Sforza, G. Bregy, A. Sutter, A. Knup, S. Chapuisat

Vorrunde
Schweiz – Rumänien 4:1 (1:1)
22.06.1994, Silverdome, Detroit
Zuschauerzahl: 55 000
Tore: 1:0 Alain Sutter (16.), 1:1 Gheorghe Hagi (35.), 2:1 Stephane Chapuisat (52.), 3:1 Adrian Knup (65.), 4:1 Adrian Knup (72.)
Startelf: M. Pascolo, M. Hottiger, A. Geiger, D. Herr, Y. Quentin, C. Ohrel, C. Sforza, G. Bregy, A. Sutter, A. Knup, S. Chapuisat

Vorrunde
USA – Schweiz 1:1 (1:1)
18.06.1994, Silverdome, Detroit
Zuschauerzahl: 77 557
Tore: 0:1 Georges Bregy (39.), 1:1 Eric Wynalda (44.)
Startelf: M. Pascolo, M. Hottiger, A. Geiger, D. Herr, Y. Quentin, T. Bickel, C. Ohrel, C. Sforza, G. Bregy, A. Sutter, S. Chapuisat

Alain Sutter an der WM 1994.

WM 1966

Vorrunde
Argentinien – Schweiz 2:0 (0:0)
19.07.1966, Hillsborough, Sheffield
Zuschauerzahl: 32 000
Tore: 1:0 Luis Artime (53.), 2:0 Erminio Omega (81)
Startelf: L. Eichmann, K. Ambruster, H. Bäni, R. Brodman, H.-R. Fuhrer, V. Gottardi, R. Hosp, K. Kuhn, F. Künzli, R. Quentin, X. Stierli

Vorrunde
Spanien – Schweiz 2:1 (0:1)
15.07.1966, Hillsborough, Sheffield
Zuschauerzahl: 32 000
Tore: 0:1 Rene Quentin (28.), 1:1 Manuel Sanchis (57.), 2:1 Amaro Amancio (75.)
Startelf: C. Elsener, K. Ambruster, H. Bäni, R. Brodman, H.-R. Fuhrer, V. Gottardi, R. Hosp, K. Kuhn, W. Leimgruber, R. Quentin, X. Stierli

Vorrunde
Deutschland – Schweiz 5:0 (3:0)
12.07.1966, Hillsborough, Sheffield
Zuschauerzahl: 36 000
Tore: 1:0 Sigi Held (15.), 2:0 Helmut Haller (20.), 3:0 Franz Beckenbauer (39.), 4:0 Franz Beckenbauer (52.), 5:0 Helmut Haller (77.),
Startelf: C. Elsener, H. Bäni, R. Duerr, H.-R. Fuhrer, A. Grobety, R. Hosp, F. Künzli, K. Odermatt, J.-C. Schindelholz, H. Schneiter, E. Tacchella

WM 1962

Vorrunde
Italien – Schweiz 3:0 (1:0)
07.06.1962, Nacional, Santiago de Chile

WM 2010

STATISTIK

Zuschauerzahl: 59 828
Tore: 1:0 Bruno Mora (2.), 2:0 Giacomo Bulgarelli (65.), 3:0 Giacomo Bulgarelli (67.)
Startelf: C. Elsener, H. Schneiter, E. Tacchella, A. Grobety, E. Meier, H. Weber, T. Allemann, K. Antenen, R. Dürr, R. Vonlanthen, R. Wüthrich

Vorrunde
Deutschland – Schweiz 2:1 (1:0)
03.06.1962, Nacional, Santiago de Chile
Zuschauerzahl: 64 922
Tore: 1:0 Albert Bruells (45.), 2:0 Uwe Seeler (59.), 2:1 Heinz Schneiter (73.)
Startelf: C. Elsener, H. Schneiter, E. Tacchella, A. Grobety, H. Weber, T. Allemann, K. Antenen, R. Duerr, N. Eschmann, R. Vonlanthen, R. Wüthrich

Vorrunde
Chile – Schweiz 3:1 (1:1)
30.05.1962, Nacional, Santiago de Chile
Zuschauerzahl: 65 000
Tore: 0:1 Rolf Wüthrich (6.), 1:1 Leonel Sanchez (44.), 2:1 Leonel Sanchez (51.), 3:1 Jaime Ramirez (55.)
Startelf: C. Elsener, F. Morf, H. Schneiter, E. Tacchella, A. Grobety, H. Weber, T. Allemann, K. Antenen, N. Eschmann, P. Pottier, R. Wüthrich

WM 1954

Viertelfinale
Österreich – Schweiz 7:5 (5:4)
26.06.1954, La Pontaise, Lausanne
Zuschauerzahl: 35 000
Tore: 0:1 Robert Ballaman (16.), 0:2 Sepp Hügi (17.), 0:3 Sepp Hügi (19.), 1:3 Theodor Wagner (25.), 2:3 Robert Körner (26.), 3:3 Theodor Wagner (27.), 4:3 Ernst Ocwirk (32.), 5:3 Robert Körner (34.), 5:4 Robert Ballaman (39.), 6:4 Theodor Wagner (53.), 6:5 Sepp Hügi (58.), 7:5 Erich Probst (76.)
Startelf: E. Parlier, R. Bocquet, A. Neury, C. Casali, O. Eggimann, E. Kernen, K. Antenen, R. Ballaman, J. Fatton, S. Hügi, R. Vonlanthen

Vorrunde
Schweiz – Italien 4:1 (1:0)
23.06.1954, St. Jakob, Basel
Zuschauerzahl: 30 000
Tore: 1:0 Sepp Hügi (14.), 2:0 Robert Ballaman (48.), 2:1 Fulvio Nesti (67.), 3:1 Sepp Hügi (85.), 4:1 Jacques Fatton (90.)
Startelf: E. Parlier, R. Bocquet, A. Neury, C. Csali, O. Eggimann, E. Kernen, K. Antenen, R. Ballaman, J. Fatton, S. Hügi, R. Vonlanthen

Vorrunde
England – Schweiz 2:0 (1:0)
20.06.1954, Wankdorf, Bern
Zuschauerzahl: 50 000
Tore: 1:0 Jimmy Mullen (43.), 2:0 Denis Wishaw (69.)
Startelf: E. Parlier, R. Bocquet, A. Neury, H. Bigler, O. Eggimann, E. Kernen, K. Antenen, R. Ballaman, J. Fatton, E. Meier, R. Vonlanthen

Vorrunde
Schweiz – Italien 2:1 (1:1)
17.06.1954, La Pontaise, Lausanne
Zuschauerzahl: 43 000
Tore: 1:0 Robert Ballaman (18.), 1:1 Giampiero Boniperti (44.), 2:1 Sepp Hügi (78.)
Startelf: E. Parlier, R. Bocquet, A. Neury, C. Casali, O. Eggimann, E. Kernen, R. Ballaman, J. Fatton, S. Hügi, E. Meier, R. Vonlanthen

WM 1950

Vorrunde
Schweiz – Mexiko 2:1 (2:0)
02.07.1950, Eucaliptos, Porto Alegre
Zuschauerzahl: 4 000
Tore: 1:0 Rene Bader (10.), 2:0 Jean Tamini (37.), 2:1 Horacio Casarin (89.)
Startelf: A. Hug, G. Lusenti, R. Bader, R. Quinche, O. Eggimann, J. Tamini, R. Bocquet, A. Neury, H.-P. Friedländer, J. Fatton, K. Antenen

Vorrunde
Brasilien – Schweiz 2:2 (2:1)
28.06.1950, Pacaembu, São Paulo
Zuschauerzahl: 42 000
Tore: 1:0 I. Alfredo (3.), 1:1 Jacques Fatton (17.), 2:1 Baltazar (32.), 2:2 Jacques Fatton (88.)
Startelf: G. Stuber, R. Quinche, R. Bocquet, J. Tamini, H.-P. Friedländer, G. Lusenti, R. Bader, A. Neury, F. Bickel, O. Eggimann, J. Fatton

Vorrunde
Jugoslawien – Schweiz 3:0 (0:0)
25.06.1950, Independencia, Belo Horizonte
Zuschauerzahl: 7 500
Tore: 1:0 Kosta Tomasevic (60.), 2:0 Kosta Tomasevic (70.), 3:0 Tihomir Ognjanov (75.)
Startelf: G. Stuber, A. Neury, O. Eggimann, G. Lusenti, K. Antenen, F. Bickel, R. Quinche, J. Tamini, J. Fatton, R. Bocquet, R. Bader

WM 1938

Viertelfinal
Ungarn – Schweiz 2:0 (1:0)
12.06.1938, Victor Boucquey, Lille
Zuschauerzahl: 15 000
Tore: 1:0 György Sárosi (40.), 2:0 Gyula Zsengeller (89.)
Startelf: W. Huber, A. Stelzer, A. Abegglen, E. Wallaschek, F. Bickel, S. Vernati, A. Lehmann, H. Springer, E. Amado, T. Grassi, E. Lörtscher

Vorrunde
Schweiz – Deutschland 4:2 (1:2)
09.06.1938, Parc des Princes, Paris
Zuschauerzahl: 20 000
Tore: 0:1 Wilhelm Hahnemann (8.), 0:2 Ernst Lörtscher (22., Eigentor) 1:2 Eugen Wallaschek (42.), 2:2 Fredy Bickel (64.), 3:2 André Abegglen (75.), 4:2 André Abegglen (78.)
Startelf: W. Huber, S. Vernati, E. Amado, H. Springer, E. Wallaschek, A. Lehmann, F. Bickel, E. Lörtscher, G. Aeby, A. Abegglen, S. Minelli

Vorrunde
Schweiz – Deutschland 1:1 n. V. (1:1, 1:1)
04.06.1938, Parc des Princes, Paris
Zuschauerzahl: 27 000

1938 erreichte dieses Team den WM-Viertelfinal.

Tore: 0:1 Jupp Gauchel (29.), 1:1 André Abegglen (43.)
Startelf: W. Huber, E. Wallaschek, A. Abegglen, S. Vernati, H. Springer, S. Minelli, G. Aeby, E. Lörtscher, F. Bickel, E. Amado, A. Lehmann

WM 1934

Viertelfinal
Tschechoslowakei – Schweiz 3:2 (1:1)
31.05.1934, Benito Mussolino, Turin
Zuschauerzahl: 12 000
Tore: 0:1 Leopold Kielholz (18.), 1:1 Frantisek Svoboda (24.), 2:1 Frantisek Svoboda (49.), 2:2 Willy Jäggi (78.), 3:2 Oldrich Nejedly (82.)
Startelf: F. Sechehaye, W. von Känel, A. Abegglen, W. Weiler, F. Jaccard, L. Kielholz, P. Hufschmid, A. Guinchard, S. Minelli, W. Jäggi, A. Jaeck

Vorrunde
Schweiz – Niederlande 3:2 (2:1)
27.05.1934, San Siro, Milan
Zuschauerzahl: 33 000
Tore: 1:0 Leopold Kielholz (7.), 1:1 Kick Smit (19.), 2:1 Leopold Kielholz (43.), 3:1 André Abegglen (69.), 3:2 Leen Vente (84.)
Startelf: F. Sechehaye, W. Weiler, R. Pasello, J. Bossi, P. Hufschmid, A. Abegglen, W. von Känel, L. Kielholz, A. Guinchard, F. Jaccard, S. Minelli

Die erste Schweizer Nationalmannschaft an einer WM.

Schweiz – Italien an der WM 1954.

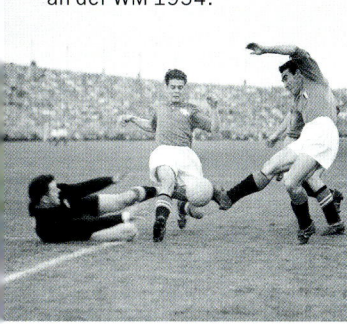